数据新闻的中国实践：
特点、困境与趋势

方诚◎著

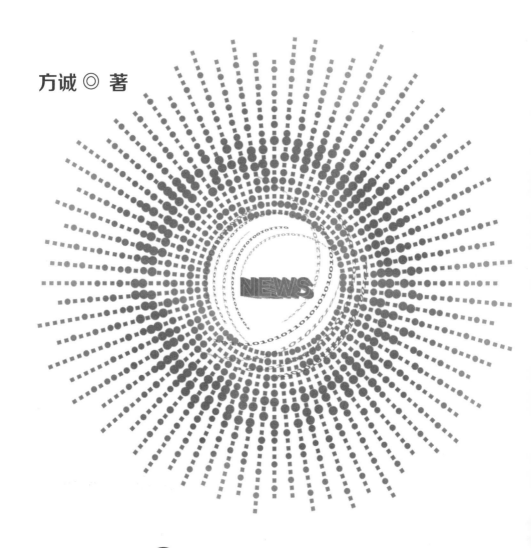

西南财经大学出版社

中国·成都

图书在版编目(CIP)数据

数据新闻的中国实践:特点、困境与趋势/方诚著.

成都:西南财经大学出版社,2024.8. --ISBN 978-7-5504-6299-1

Ⅰ.G210.7

中国国家版本馆 CIP 数据核字第 2024ZR7807 号

数据新闻的中国实践:特点、困境与趋势

SHUJU XINWEN DE ZHONGGUO SHIJIAN;TEDIAN,KUNJING YU QUSHI

方　诚　著

责任编辑:石晓东

责任校对:陈何真璐

封面设计:墨创文化

责任印制:朱曼丽

出版发行	西南财经大学出版社(四川省成都市光华村街55号)
网　　址	http://cbs.swufe.edu.cn
电子邮件	bookcj@swufe.edu.cn
邮政编码	610074
电　　话	028-87353785
照　　排	四川胜翔数码印务设计有限公司
印　　刷	成都国图广告印务有限公司
成品尺寸	170 mm×240 mm
印　　张	11
字　　数	205 千字
版　　次	2024 年 8 月第 1 版
印　　次	2024 年 8 月第 1 次印刷
书　　号	ISBN 978-7-5504-6299-1
定　　价	78.00 元

前　言

　　多年前，当我第一次听说"数据新闻"的时候，便被其莫名吸引。数据，从字面上来理解是客观的、无情感色彩的。新闻，在我的理解里是有温度的。数据和新闻，看似两个不搭边的词语，组合在一起对我有一种奇妙的吸引力。之后我开始参加数据新闻的工作坊，撰写相关学术论文，在自己教授的课程中讲授数据新闻知识，不断拓展关于数据新闻的相关研究。

　　数据新闻出现的短短十余年间，学界研究者和业界实践者队伍不断壮大，逐渐成为学界的研究热点之一，并在媒体中得到越来越广泛的应用。与此同时，国内外高校纷纷开设了与数据新闻相关的专业，进一步壮大了数据新闻的研究队伍。2015 年，我有幸前往数据新闻的发源地之一——英国访学，其间广泛搜集了关于数据新闻的第一手资料，并着手进行更为系统细致的研究。

2021 年年末，我开始筹划写作这本书。在写作期间，我申请了三个与数据新闻相关的省部级项目并成功立项，发表了多篇与数据新闻相关的论文，同时以数据新闻为研究主题申请攻读博士学位。因为与数据新闻结缘，我的人生已经发生了改变。

本书共分为 8 章，第 1 章为绪论，主要对全书结构进行介绍。第 2 章梳理了数据新闻的定义和发展脉络。第 3 章介绍了数据新闻的兴起背景和发展现状。第 4 章阐述了我国数据新闻的提升路径及案例。我的学生王晗协助完成了第 2 章、第 3 章和第 4 章部分内容的初稿。第 5 章和第 6 章分别从业界和学界两个方面总结了我国的数据新闻发展情况。我的另一位学生王野对第 5 章、第 6 章的资料搜集和最终成文亦有所贡献。第 7 章结合近几年突发公共卫生事件中数据新闻的发展情况，列举了诸多新冠病毒感染疫情期间的数据新闻案例。这些鲜活的数据新闻案例部分源自本人教授的数据新闻微课上学生们搜集的案例，另一部分源自我日常教学素材的积累。第 8 章，也是本书的最后一章，呼应了当前技术发展趋势，即如何在生成式人工智能介入媒介内容生产流程的今天，重新审视数据新闻的发展困境和未来趋势。此外，本书部分章节内容融入了我近年来发表的数据新闻的学术论文及科研项目的研究成果。感谢我的学生黄林薇完成了本书写作的最后一步——对本书进行了细致的校对和格式上的调整。

本书的写作过程，从某种程度上说是教学相长的过程。值得欣喜的是，前面提到的几位学生都是在我的数据新闻课程中被激发了兴趣，自发成为投身数据新闻研究的新锐力量。他们之中，有的被保送到其他高等学府继续攻读硕士学位，有的远赴香港继续深造。他们都将对数据新闻的热爱贯穿到了未来的学术追求之中。在数据新闻的微课上，我和学生们一起搜集最新的数据新闻案例并进行评析，展望了数据新闻未来的发展趋势。

数据新闻在中国这片土壤中生根发芽之后难免遭遇"水土不服"。总的来说，在中国，数据新闻仍是一片亟待深入开拓的领域。我也将继续关注这一领域的发展，为此尽一份绵薄之力。因为成书时间紧迫，本书难免有疏漏之处，敬请各位读者批评指正。

方诚

2024 年 3 月

目　录

第 1 章　绪论 / 1

1.1　研究背景、意义、现状 / 1

　　1.1.1　研究背景 / 1

　　1.1.2　研究意义 / 2

　　1.1.3　研究现状 / 2

1.2　研究内容和结构安排 / 5

　　1.2.1　研究内容 / 5

　　1.2.2　结构安排 / 5

1.3　研究方法、主要创新点和拟突破难点 / 7

　　1.3.1　研究方法 / 7

　　1.3.2　主要创新点 / 7

1.3.3 拟突破难点 / 8

1.4 本章小结 / 8

第2章 什么是数据新闻？/ 9

2.1 数据新闻概述 / 9

2.1.1 数据新闻更重视数据还是更偏重新闻？/ 10

2.1.2 数据新闻的生产过程与传统新闻有何不同？/ 11

2.1.3 数据新闻中的数据是什么样的数据？/ 11

2.1.4 数据新闻和数据可视化有何区别？/ 11

2.1.5 数据新闻是否可以被视为一种崭新的新闻

范式？/ 12

2.1.6 数据新闻的定义 / 12

2.2 数据新闻的发展脉络 / 14

2.2.1 调查性新闻 / 14

2.2.2 精确新闻报道 / 17

2.2.3 计算机辅助新闻 / 19

2.2.4 数据库新闻 / 20

2.3 本章小结 / 21

第3章　数据新闻的兴起背景和发展现状 / 22

3.1　数据新闻的兴起背景——开放数据运动 / 22

3.2　国外数据新闻发展现状 / 28

3.2.1　英国的数据新闻发展现状 / 29

3.2.2　美国的数据新闻发展现状 / 38

3.2.3　德国的数据新闻发展现状 / 44

3.2.4　意大利的数据新闻发展现状 / 47

3.2.5　澳大利亚的数据新闻发展现状 / 49

3.2.6　中国的数据新闻发展现状 / 54

3.3　中外数据新闻发展对比 / 60

3.3.1　英国和中国数据新闻的历史与现状 / 60

3.3.2　数据新闻生产团队 / 62

3.3.3　数据可视化形式 / 63

3.3.4　数据新闻呈现平台 / 63

3.3.5　数据源的获取 / 64

3.3.6　盈利模式 / 65

3.4　本章小结 / 66

第4章　我国数据新闻的提升路径及案例 / 67

4.1　我国数据新闻的提升路径 / 67

4.1.1　加强团队建设 / 68

4.1.2　丰富呈现形式 / 68

4.1.3　拓展呈现平台 / 69

4.1.4　拓宽数据来源 / 69

4.1.5　提供定制服务 / 70

4.1.6　补齐人才短板 / 70

4.2　我国的数据新闻可视化设计——以垃圾分类为例 / 71

4.2.1　垃圾分类选题的信息可视化作品分析 / 72

4.2.2　数据筛选：从数据到信息 / 73

4.2.3　设计形式：创造视觉美感 / 73

4.2.4　交互方式：立足移动端的特点 / 75

4.3　本章小结 / 77

第 5 章　业界：我国数据新闻的现状与特点 / 78

5.1　我国数据新闻的生产主体 / 78

5.1.1　传统媒体 / 78

5.1.2　以传统纸媒为依托的新媒体平台 / 79

5.1.3　综合性门户网站 / 79

5.1.4　非营利性独立网站 / 80

5.2　我国数据新闻的数据来源 / 80

5.2.1　政府公开数据 / 81

5.2.2 企业数据 / 81

5.2.3 研究机构数据 / 82

5.2.4 民间数据 / 82

5.3 我国数据新闻的数据挖掘程度 / 82

5.3.1 技术实力不断提升，提供技术支持 / 83

5.3.2 应用场景非常广泛，辅助新闻生产 / 83

5.3.3 积累大量数据资源，挖掘潜在信息 / 84

5.3.4 加强数据隐私保护，完善法律法规 / 84

5.3.5 积极开展国际合作，推动数据共享 / 84

5.4 我国数据新闻的数据可视化形式 / 85

5.4.1 多样化的可视化形式 / 86

5.4.2 兼具交互性和动态性 / 86

5.4.3 多媒体融合加以展示 / 87

5.4.4 响应式设计增强效果 / 87

5.4.5 深度挖掘但注重时效 / 88

5.5 我国数据新闻的生产模式 / 88

5.5.1 自给自足模式 / 89

5.5.2 外包模式 / 90

5.5.3 众包模式 / 91

5.5.4 黑客马拉松模式 / 92

5.6 本章小结 / 93

第6章 学界：我国的数据新闻教育 / 94

6.1 数据新闻教育的三类主体 / 95

  6.1.1 先驱者：新闻行业组织和媒体机构 / 95

  6.1.2 中坚力量：综合性学术机构 / 96

  6.1.3 补充主体：高等职业教育机构和其他个体
或组织 / 96

6.2 我国数据新闻教育基本情况 / 97

  6.2.1 我国高校的数据新闻教育基本情况 / 97

  6.2.2 我国高校之外的数据新闻教育基本情况 / 101

  6.2.3 传媒领域的研究与实践：中国数据新闻
大赛 / 103

6.3 我国数据新闻教育中存在的问题 / 105

  6.3.1 学科建设仍待完善，培养模式尚未成熟 / 105

  6.3.2 师资队伍结构单一，实践教学方式受限 / 106

  6.3.3 模拟实践较为普遍，课外实习流于形式 / 106

6.4 关于我国数据新闻教育发展的建议与对策 / 107

  6.4.1 打破文理专业边界，跨专业培养人才 / 107

  6.4.2 建立人才培养矩阵，优化教师队伍结构 / 107

  6.4.3 校企合作实践教学，强化实践育人成效 / 108

6.5 数据新闻课程实践——以"数据新闻"微课为例 / 109

6.5.1 "数据新闻"微课内容 / 109

6.5.2 课程特色及创新点 / 111

6.5.3 课程具体实施方案 / 112

6.5.4 课程教学方式 / 113

6.6 本章小结 / 115

第7章 突发公共卫生事件中的数据新闻研究 / 116

7.1 突发公共卫生事件中我国主流媒体数据新闻的创新 / 116

7.1.1 新冠疫情期间主流媒体的数据新闻传播特点

分析 / 117

7.1.2 突发公共卫生事件中数据新闻的创新 / 119

7.1.3 突发公共卫生事件数据新闻发展中存在的

问题 / 122

7.2 突发公共卫生事件中的优秀数据新闻案例分析 / 123

7.3 本章小结 / 135

第8章 我国数据新闻的困境和发展趋势 / 136

8.1 从 OGC 到 AIGC：数据新闻中人机关系的嬗变 / 137

8.1.1 OGC、PGC 和 UGC 阶段：计算机作为一种

辅助角色 / 137

8.1.2 MGC 阶段：人机协同的生产关系 / 139

8.1.3 AIGC 阶段：AI 作为内容生产的重要主体 / 140

8.2 AIGC 模式下数据新闻发展的困境 / 141

8.2.1 新闻生产的主体性日渐模糊 / 141

8.2.2 虚假新闻的出现 / 142

8.2.3 用户隐私泄露 / 142

8.2.4 算法偏见 / 143

8.3 AIGC 模式下数据新闻生产模式的转向 / 143

8.3.1 提高了数据采集的效率 / 144

8.3.2 加大了数据挖掘的力度 / 144

8.3.3 丰富了数据新闻的产品形态 / 145

8.4 本章小结 / 146

结　语 / 147

参考文献 / 150

第 1 章　绪论

1.1　研究背景、意义、现状

1.1.1　研究背景

在大数据时代，数据新闻作为新闻传播学的新兴分支应运而生，并被视为未来新闻业的发展方向之一。数据新闻是新闻传播学、计算机科学、统计学等多学科交叉融合的新闻实践，要求新闻从业者运用各种技术和软件来抓取、处理、分析数据并以可视化数据图、互动图表和网络在线演示等方式进行新闻呈现。西方的一些主流报刊，如英国的《卫报》、美国的《纽约时报》都成立了专门的数据新闻团队，中国一些传统媒体和新媒体平台也对数据新闻进行了相应的实践尝试。由于数据新闻尚属新兴领域和研究热点，目前国内外对于数据新闻的研究尚属于起步阶段。

1.1.2　研究意义

英国、美国是目前数据新闻实践较为成熟的国家，本书拟以数据新闻的兴起背景和发展现状为起点，从国内和国外数据新闻发展的对比视角出发，借鉴他国媒体在进行数据新闻制作中的经验教训，探索数据新闻在中国国情下的发展之路。通过个案研究和对比分析，本书系统地阐述国内和国外在数据新闻发展方面的不同。可以说，本书对于丰富和拓展数据新闻理论有积极的理论意义和价值，也有利于当下中国数据新闻实践向纵深推进。

1.1.3　研究现状

1.1.3.1　国外研究现状

西方媒体在数据新闻领域的实践最早可以追溯到 19 世纪，其中，英国的新闻媒体在这方面做出了比较早期的探索。英国《卫报》创刊第一期（1821 年 5 月 5 日）上的一篇调查未成年教育系统的报道就被视为该报最早的数据新闻。英国《卫报》大力推广"数据新闻"这一概念，2009 年，《卫报》网站开设"数据商店"版块，下设"大数据""数据新闻""数据博客"等细分频道。"数据商店"版块向用户开放数据库的链接与搜索功能，为用户提供大量来自政府、博物馆、大学、研究机构、非政府组织的公开数据。

近年来，国外学者关于数据新闻的相关理论研究主要集中于以下三个方面：

（1）数据新闻的概念及溯源。国外学者从不同角度对数据新闻进行了界定。一部分学者认为数据新闻是将图表、图形数据分析和新闻故事结合在一起的报道形式，代表学者有 Simon Rogers 和 Mirko Lorenz。另一部分学者认为数据新闻更偏向新闻议题的数据来源和新闻数据的表现形式，代表学者有 Megan Knight。国外对于计算机辅助新闻的研究较为丰富，学者普遍认为计算机辅助新闻是数据新闻的重要起源之一。

（2）数据新闻的生产流程。国外学者普遍认为数据新闻的生产流程与传统新闻生产流程有所不同。学者 Mirko Lorenz 将数据新闻的生产过程总结为数据经过过滤和视觉化处理后，转化为更为直观的新闻故事。在这一过程中，数据的价值对公众而言也提升了。Brdashaw 提出了数据新闻的"双金字塔"结构，其中，倒金字塔自上而下是编辑、清理、情境与综合，通过传播的连接进入正金字塔结构，正金字塔自上而下是视觉化、叙事化、社交化、人性化、应用化。

（3）数据新闻的人才培养。学者对于为业界输送怎样的数据新闻人才的研究主要分为三类观点。第一类认为数据新闻记者应该具有一定的数据处理技术，代表学者是 Philip Meyer。第二类认为数据新闻记者讲故事的能力比数据处理能力更为重要，代表学者是 Neil Reisner。第三类认为数据新闻记者必须有思辨能力和数据呈现能力，代表学者是 Bradshaw。

而在数据新闻实践研究层面，国外学者对于数据新闻生产中数据搜集、数据库建设、数据挖掘、数据的可视化呈现等方面研究较多。2011 年，在伦敦举行的 Mozilla Festival 工作坊的基础上，来自英国广播公司（BBC）等西方媒体的一线记者，与来自研究机构的学者们合作撰写了以数据新闻实践为主的《数据新闻手册》(*The Data Journalism Handbook*)。

1.1.3.2　国内研究现状

国内较早进行数据新闻实践的是腾讯、网易、新浪、搜狐等网络媒体，它们自 2012 年起，相继开设了"新闻百科""数字之道""图解新闻""数读"等数据新闻栏目。2013 年，财新传媒成立数据新闻实验室；2014 年，中央电视台开设《据说春运》等节目。

相比如火如荼开展数据新闻实践的业界，学界对这一新兴领域的关注稍显不足，数据新闻的理论研究滞后于新闻实践，因此对数据新闻做系统研究十分必要。近年来，国内学者对数据新闻的关注度不断提升。2013 年以来，国内对于数据新闻的研究逐渐增加，主要集中于以下三方面：

（1）数据新闻概念及溯源。一些学者通过与计算机辅助新闻等相关概念的对比阐述，进一步厘清数据新闻的概念，并系统地梳理了数据新闻的发展历程。

（2）国外媒体数据新闻实践情况研究。一些学者对英国

《卫报》、BBC等国外媒体数据新闻实践情况进行剖析，通过个案分析，旨在借鉴国外媒体的数据新闻实践经验，以陈昌凤等学者为代表。

（3）数据新闻的发展路径。一些学者认为，数据新闻是大数据背景下新闻传播的新形式，重点探讨目前发展的路径和未来发展的趋势，以史安斌等学者为代表。

1.2　研究内容和结构安排

1.2.1　研究内容

本书的研究内容包括数据新闻的概念及其发展脉络，数据新闻的兴起背景、发展现状，我国学界和业界的数据新闻实践，我国数据新闻的困境和发展趋势。

1.2.2　结构安排

第1章 绪论，从研究背景、研究意义、研究现状和研究内容等方面说明本书的内容架构。

第2章 什么是数据新闻？拟对数据新闻的概念进行梳理与辨析，从而进一步厘清数据新闻的内涵，分析国内外数据新闻的历史演进脉络。

第3章 数据新闻的兴起背景和发展现状，介绍了数据新闻的兴起背景和数据新闻发展现状，并对中外数据新闻发展进行对比（主要对比中国和英国的数据新闻发展情况）。

第4章 我国数据新闻的提升路径及案例，提出了我国应从加强团队建设、丰富呈现形式、拓展呈现平台、拓宽数据来源、提供定制服务、补齐人才短板六个方面发力，并以垃圾分类为例，探讨了我国数据新闻的可视化设计。

第5章 业界：我国数据新闻的现状与特点，分别从数据新闻的生产主体、数据来源、数据挖掘程度、数据可视化形式、我国数据新闻的生产模式五个方面总结了当前我国媒体进行数据新闻生产的现状与特点。

第6章 学界：我国的数据新闻教育，先分析了数据新闻教育的三大主体，总结了我国数据新闻教育的现状和困境，并对我国数据新闻教育发展的未来给予了建议与对策。最后，以笔者的亲身教学实践经历为案例，试图归纳当前我国数据新闻教育中的微观层面的经验。

第7章 突发公共卫生事件中的数据新闻研究，以新冠疫情这一突发公共卫生事件为切入口，进一步分析突发公共卫生事件中我国主流媒体数据新闻的创新之处，最后以新冠疫情中涌现的优秀数据新闻案例作为个案分析。

第8章 我国数据新闻的困境和发展趋势，梳理了从职业生产内容（OGC）到生成式人工智能（AIGC）发展趋势下数据新闻中人机关系的嬗变，并总结了 AIGC 模式下数据新闻发展的困境和数据新闻生产模式的转向。

1.3 研究方法、主要创新点和拟突破难点

1.3.1 研究方法

（1）文献研究法。本书在广泛搜集国内外数据新闻实践材料的基础上，进行系统深入的对比论证，分析国内外数据新闻实践中的不同。

（2）个案研究法。本书选取了澎湃新闻、网易"数读"、英国广播公司（BBC）等多个数据新闻媒体进行个案研究。

1.3.2 主要创新点

（1）视角创新。数据新闻在我国业界和学界仍然属于新兴领域，学界对数据新闻研究虽有发展，但是缺乏系统的中外数据新闻发展对比研究。本书拟将中国和国外的数据新闻发展情况进行深入、系统的对比研究，并且结合突发公共卫生事件以及 AIGC 兴起趋势，探讨数据新闻在不同情况下的发展特点，研究视角较为独特。

（2）思路创新。本书在厘清数据新闻概念并对中外数据新闻进行对比研究基础上，以个案研究的方式，总结中国数据新闻实

践的总体思路和应用策略，研究思路较为创新。

（3）方法创新。笔者在数据新闻的发源地——英国访学期间，对英国几大主流媒体的数据新闻进行了深入调研并获得第一手的研究资料，为本书的写作奠定了一定基础。本书拟以多种研究方法相结合的方式，在借鉴国内外数据新闻优秀案例的基础上，分析总结出我国数据新闻发展路径，研究方法有一定创新性。

1.3.3　拟突破难点

国外学者对于数据新闻的理论和实证研究比较丰富，但国内学者目前对数据新闻的实证研究较少，大多集中于案例研究和文献研究，缺乏对于中国数据新闻的实践研究。本书拟从中外数据新闻发展情况这一对比研究的视角出发，对中国的数据新闻发展进行深入研究并提出应对策略，系统地比较中外数据新闻发展差异，并提出数据新闻的发展策略。

1.4　本章小结

本章主要是对本书研究主题的综述，基于研究背景和研究现状讨论了数据新闻的研究意义，并规划了本书的研究内容和结构安排，总结了创新点和拟突破难点。第2章将给出数据新闻的定义和概念溯源，从而为后面几章的研究奠定理论基础。

第2章 什么是数据新闻？

2.1 数据新闻概述

数据新闻（data journalism）又称数据驱动新闻（data-driven journalism），顾名思义，数据在新闻报道中是驱动因素，生产活动围绕数据展开，对数据的处理包括抓取、清洗、理解、分析以及呈现。数据新闻可以理解为从数据中发掘新闻选题，利用数据来讲述故事的新闻形式。但对于数据新闻的边界，学者们却有不同的看法。比如，数据新闻更重视数据还是更偏重新闻？数据新闻的生产过程与传统新闻有何不同？数据新闻中的数据是什么样的数据？数据新闻和数据可视化有何区别？数据新闻是否可以被视为一种崭新的新闻范式？

本小节将从以上五个问题出发，探讨数据新闻的边界，并尝试给出数据新闻的定义。

2.1.1　数据新闻更重视数据还是更偏重新闻?

数据新闻这一概念由英国《卫报》前编辑西蒙·罗杰斯（Simon Rogers）提出。2008 年，他在《卫报》网站的博文中写道："我们的研发团队找到了一种能处理原始数据，也能进行数据映射的应用方式。这意味着我们能生产一种奇妙的、基于数据的互动图表。"

之后，西蒙·罗杰斯在《数据新闻大趋势：释放可视化报道的力量》一书中也强调了数据、数据处理和数据可视化是构成数据新闻的三要素。斯坦福大学的杰夫·麦吉（Geoff McGhee）曾担任《纽约时报》的媒体记者，他认为如今的新闻越来越与数据相关，媒体有责任向公众解释复杂难懂的数据。可见数据新闻从诞生之初，就跟数据处理和数据可视化密不可分。

英国伯明翰城市大学的保罗·布拉德肖（Paul Bradshaw）却认为，数据新闻是将新闻敏感性与运用数据讲故事能力进行高度融合的新闻形式。从这一角度出发，数据新闻的落脚之处在于新闻本身而非数据。

2.1.2 数据新闻的生产过程与传统新闻有何不同？

保罗·布拉德肖认为数据新闻是一种新的信息采集与加工过程，并用4C的倒金字塔结构来说明数据新闻的生产流程，即数据新闻的制作过程包括数据搜集（compile）、数据清洗（clean）、了解数据的背景（context）、数据的结合（combine）。德国之声的记者米尔科·劳伦兹（Mirko Lorenz）也有类似的观点，她将数据新闻生产分为数据、过滤、可视化和故事四个环节。随着每个环节的向前推进，数据的价值对公众而言不断提升。

2.1.3 数据新闻中的数据是什么样的数据？

尼古拉斯·凯瑟·布瑞尔（Kayser-Bril Nicolas）在庆祝数据新闻产生10周年的文章中提到，数据新闻是使用结构化数据所做的新闻，结构化数据是可以被计算机处理的数据。事实上，随着数据新闻实践的不断发展，如今，数据新闻中需要处理的数据不仅包括结构化数据，还包括半结构化数据和非结构化数据。

2.1.4 数据新闻和数据可视化有何区别？

数据新闻和数据可视化似乎是一对密不可分的概念，数据可视化是数据新闻生产流程中不可或缺的一环。数据可视化，指的是利用计算机图形和图像处理技术，将数据转化为直观、易于理解的图形或图像并在屏幕中显示出来。同时，数据可视化的应用范围更广，是一门涉及计算机图形、图像处理、计算机视觉和人机交互等多个领域的综合性学科。

2.1.5　数据新闻是否可以被视为一种崭新的新闻范式？

数据新闻是一种崭新的新闻范式，还是一种"噱头"？

正如前面探讨的内容，数据新闻的生产流程发生了转变，对数据的处理贯穿整个新闻生产的过程。同时，数据新闻更强调"产品"的概念，而非传统新闻生产中对于文字的构思或对于音视频材料的加工。我们应该看到，数据新闻萌生于传统新闻之中，但是与传统新闻又有较大不同。它诞生于大数据时代，代表着未来新闻发展的新方向之一。

2.1.6　数据新闻的定义

综合以上分析，笔者认为从构成要素上看，数据在数据新闻中有着举足轻重的作用；从新闻制作流程上看，记者和编辑通过数据统计和分析，依靠可视化技术进行新闻呈现；从数据形式上看，数据新闻中的数据包括结构化数据、非结构化数据和半结构化数据，形式多样；从新闻呈现形式上看，数据可视化是数据新闻重要的表现形式但绝非唯一的表现形式；从新闻范式上看，数据新闻以图表、数据、互动程序为主，以文字为辅，是一种区别于传统新闻的崭新的新闻范式。

数据新闻既是业界讨论的新兴新闻形式，也是学界的研究热点。国内外学者围绕着数据新闻的边界进行了讨论，对于数据新闻的定义也有不同的意见。《数据新闻手册》（*The Data Journalism Handbook*）将数据新闻定义为一种运用数据处理技术生成的新闻报道形式，它赋予了新闻工作者通过信息图表等视觉化手段来呈现复杂数据的能力。西蒙·罗杰斯为数据新闻下的定义则是：数据新闻是一种通过对数据的分析、挖掘来报道新闻的形式。他认为数据新闻结合了新闻业最有效的技巧（包括数据可视化、简明解释和前沿技术）和最佳的叙事方式讲述新闻故事。它应该是开放的、易用的和具有启发性的。我国学者们对数据新闻有其他定义，章戈浩认为数据新闻指的是利用分析与过滤所获得的数据，从而进行新闻报道的方式。祝建华认为数据新闻是用来分析和过滤海量新闻数据的工具，它通过对数据进行整合，从而挖掘新闻。方洁认为数据新闻是基于数据的抓取、挖掘、统计、分析和可视化呈现的新型新闻报道方式。

综合国内外学者的观点，笔者认为数据新闻是通过数据的挖掘和处理，将庞杂无序的数据梳理为清晰易懂的信息，并以数据可视化的形式呈现的新闻形式。

2.2 数据新闻的发展脉络

2.2.1 调查性新闻

19世纪30年代，在美国新闻业的"商业革命"中诞生了便士报，便士报的兴起开创了美国新闻史的黄色新闻阶段。美国新闻业由此开始走上"煽情主义"的道路，报纸内容强调趣味性且耸人听闻，而罔顾其社会价值。其中，最引人注目的是约瑟夫·普利策（Joseph Pulitzer）创办的《纽约世界报》（*New York World*）与威廉·伦道夫·赫斯特（William Randolph Hearst）创办的《纽约新闻报》（*New York Journal*）之间的黄色新闻大战。在这场激烈竞争中发展起来的黄色新闻，引起当时美国全国范围内报纸的效仿。黄色新闻的选题、内容以及文章的叙事风格充斥着暴力、色情、血腥等耸人听闻的要素，用以吸引读者，甚至有大量虚假新闻、策划新闻，采用大标题和可读性更强的版式等煽情主义的采写路径。但黄色新闻为调查性新闻的诞生提供了基础——挖掘和揭露腐败，特别是对商业和政府腐败的新闻报道。

19世纪末20世纪初，美国处于从自由资本主义向垄断资本主义过渡时期，自由资本主义新闻理念支配下黄色新闻报刊转向基于社会责任论和客观报道的新式新闻事业。随着美国垄断资本主义时代的到来，社会问题凸显，擅长采写调查性新闻报道的"揭丑性"记者为迎合时代要求，利用源于黄色新闻①时期的调查性新闻报道利器，揭露社会弊端。由此，调查性新闻报道的采写路径及其力量得以发展。调查性新闻登上历史舞台，记者逐渐开始自发地寻找和揭露商业和政府中存在的腐败行为，以此作为新闻报道的重要内容。

1902 年，《麦克卢尔》杂志以有关商业垄断、人身保险欺诈、城市政府的政治欺骗和劳动工人阶层的问题等系列深度调查性报道，揭开美国历史上长达十余年的"黑幕揭发"运动。《麦克卢尔》刊登的第一个系列报道是记者艾达·塔贝尔（Ida Tarbell）披露的关于约翰· D. 洛克菲勒（John D. Rockefeller）对于石油行业垄断的系列文章《标准石油公司发展史》（*The History of the Standard Oil Company*）。在此之后，普顿·辛克莱（Upton Sinclair）、林肯·斯蒂芬斯（Lincoln Steffens）、雷·斯坦

---

① 黄色新闻，是指一种具有煽动性的、格调不高的新闻类型，通常不具备较大的社会价值，更多的是对大众趣味的无底线迎合。黄色新闻是新闻史上的一个专有名词，并不常指色情新闻。黄色新闻是一种品质低劣、没有灵魂的新闻。它不能主持社会正义、传播准确信息，反而编制谎言，腐蚀人的灵魂。黄色新闻迎合了不少读者的口味，也为报社带来了巨大利润。在此背景下，美国各大报社相继模仿，不断靠着更加夸张的标题、刺激性的内容，来争夺读者群体。黄色新闻源于 19 世纪的美国，"黄色"一词来自一位漫画中的"黄孩子"。19 世纪末，美国现代报业的奠基人约瑟夫·普利策在他的《纽约世界报》上办了一个漫画专栏，主人公是画家奥特尔特画的一个头发稀疏、没有门牙、穿着黄色大睡衣的男孩。专栏借"黄孩子"之口讲述纽约发生的新闻事件，漫画图文并茂，滑稽可笑，因此受到读者的欢迎。黄色新闻的煽情主义宣传，大大降低了新闻事业的水准，践踏了长期以来新闻界一贯奉行的最高准则——真实性原则，类似于现代的"标题党"。为追求利润和发行目标，黄色报刊将社会公正置之度外，背离了近代社会的报业传统。

纳德·贝克（Ray Stannard Baker）、雷切尔·卡森（Rachel Carson）等"揭丑者"继续发表了系列揭露垄断资本主义种种丑恶现象的调查性报道，倡导社会变革，引发轰动效应和国民思考。《柯里尔》《世界主义》等廉价刊物效仿《麦克卢尔》杂志，纷纷采写揭露丑闻的调查性报道。之后，《柯里尔》《世界主义》均成为继《麦克卢尔》后最具代表性的"揭丑者"杂志。

在美国垄断资本主义时期，"揭丑者"杂志和"揭丑者"记者抓住历史机遇，融入客观报道的理念，以调查性新闻作为有力武器，摒弃黄色新闻时期耸人听闻的调查性报道采写路径，大胆揭露美国垄断资本主义所产生的诸多社会弊端，引起强烈的社会反响。1917—1992年，由约瑟夫·普利策所设立的普利策新闻奖颁发的580项新闻奖中，调查性新闻占40%的奖项。调查性新闻在美国历次社会变革中发挥着揭露真相和倡导改革的功能，且从未停止。20世纪60年代，调查性新闻声势更加浩大，持续时间很长，一时间几乎美国所有报刊都设立了调查性新闻报道小组。在这一时期，以调查性新闻报道的代表记者《华盛顿邮报》卡尔·伯恩斯坦（Carl Bernstein）和鲍勃·伍德沃德（Bob Woodward）采写"水门事件"的系列报道最为有名，这次报道最后使得尼克松总统引咎辞职。

调查性新闻强调对现象背后原因的科学式追寻，以及在调查过程中对证据的展示，其可以视为数据新闻的重要雏形之一。

2.2.2　精确新闻报道

调查性新闻虽然强调科学、准确地还原事实真相，但由于种种原因，也带有深刻的个人烙印。如爱波斯坦所言，新闻记者如果想要成为真实的挖掘者，必须用一种系统性和科学性的方法来查证事实。该方法在 20 世纪 60 年代末的美国悄然出现，这就是精确新闻报道。抽样技术和计算机技术在新闻媒体领域的广泛应用，为新闻报道提供了更高的精确度和效率。

1967 年，因种族歧视政策，在美国洛杉矶、底特律市发生了严重的黑人骚乱。各大媒体都在现场做了大量报道。当时，对骚乱发生的原因有不同解释：其中一种是专栏作家的观点，认为骚乱者都是社会最底层的绝望且沮丧的人群，因为他们没有其他渠道表达诉求和改善生活；还有一种观点认为，由于南方压制和奴隶制历史遗留问题的影响，骚乱者被迫成为被动的角色，因此，一旦他们离开南方，就找到了长期压抑后的发泄渠道。针对以上两种观点，供职于《底特律自由报》的记者迈耶和两位社会科学家着手进行问卷调查。针对第一种观点，他们做了以下假设：将骚乱者和非骚乱者进行比较，如果教育程度低的人群更容易成为骚乱者，那么第一种观点就是正确的。然而经过调查，大学毕业的人与高中未毕业的人参与骚乱的可能性一样，所以第一种观点被证明为错误的。针对第二种观点，他们假设：来自北方的移民应该比土生土长的北方黑人更加频繁地参加骚乱。然而,他们通过问卷调查得到的数据结果再次证明了第二种观点也是错误的。这些调查结果发表到报纸上后,引起了各界关注,并由此获得了普利策新闻奖。

1968—1972 年,美国总统选举调查彻底改变了精确新闻报道的地位。以美国三大电视网和新闻杂志为首,各大媒体都开展了民意调查活动。电视网甚至开发出自己的选举结果报道系统,资助获胜的竞选者,以获取其样本选区的监测数据,并用于他们自己的民意调查。1976 年美国总统选举标志着媒介进行的调查达到巅峰,几乎所有的媒体,包括许多地方媒体都自己开展问卷调查,并将问卷调查结果作为选举报道中的关键因素。这一时期给予了精确新闻报道广阔的施展空间,也使其在选举期间"大行其道"。1973 年,迈耶撰写了《精确新闻报道》一书,正式赋予这一报道形式正式定义:将社会科学和行为科学的研究方法应用于实践新闻的报道。自此精确新闻报道进一步发展,随后在全世界传播。

精确新闻报道非常依赖问卷调查等社会科学研究方法的应用,而由社会研究方法得到的数据也是当今数据新闻的重要数据来源之一。

2.2.3 计算机辅助新闻

20世纪90年代，在精确新闻报道的实践理念影响下，计算机技术开始在新闻媒体中广泛使用，计算机辅助新闻由此兴起。随着计算机技术的普及应用，计算机辅助新闻在调查报道中的比例日益上升，这有助于精确新闻报道在技术上和精确度上有更多提高。20世纪90年代以后，计算机辅助新闻在技术上和形式上更加丰富和细分化。人们继而把其内容概括为四类：计算机辅助报道（computer assisted reporting）、计算机辅助调查（computer assisted research）、计算机辅助参考（computer assisted reference）、计算机辅助聚谈（computer assisted rendezvous），它们又常常可以缩写为4Rs。有了电脑的辅助，记者获取数据和信息的途径更丰富，分析处理数据的效率和能力都有所提高，并且能够通过在线交流、在线访谈等形式发现和搜集社会舆论，发现新的新闻线索。

数据新闻是否和计算机辅助新闻一样也是一种手段呢？对此有两种观点。

一种观点认为，数据新闻和计算机辅助新闻没有实质上的差异。数据新闻和计算机辅助新闻都是量化取向的新闻，通过定量分析的方式获取数据分析结果用于新闻报道。

另一种观点认为，计算机辅助新闻和数据新闻存在差异。在承续关系上，数据新闻是计算机辅助新闻发展到一定阶段的产物。数据新闻的兴起既有大数据时代的背景，又有新闻生产商业价值上的考虑。在新闻形态上，计算机辅助新闻不是一种独立的新闻样式，而是一种报道方法，数据新闻注重整个新闻工作流程中处理数据的方式。

笔者认为，从庞大的数据处理到后期的数据可视化，当今数据新闻的生产流程已经高度依赖计算机技术。数据新闻是计算机辅助新闻的升级版本和深度优化。

2.2.4　数据库新闻

20世纪90年代，继计算机辅助新闻以后，西方新闻界又陆续提出了诸如新闻采写2.0、数据库新闻等概念。21世纪初，记者们开始尝试从一些数据库中找一些数据集，挖掘新闻专题，这些数据库既包括政府公开数据库，也包括媒体自己的数据库。在早期的数据库新闻里，没有基于数据的价值挖掘，也没有深度分析，只有对于原始数据的初步整合。报道中的数据只是作为新闻报道文字内容的辅助说明，即以文字为主，以数字化为辅，没有更深的价值挖掘。数据库新闻与大数据时代数据驱动型的调查性报道和深度报道有本质上的区别。此外，数字新闻、数字化新闻等，都是在内容和形式上对计算机辅助新闻的补充，并不能称为"数据新闻"。

祝建华认为，从精确新闻的出现到计算机辅助新闻的兴起，再发展到数据库新闻以及数据驱动新闻，这一演化过程并不是替代关系而是增量关系。精确新闻倡导客观主义原则和社会统计方法，而计算机辅助新闻在此基础上实现了调查数据的数字化。数据库新闻不仅承袭了以上优势，还通过数据可视化增强了新闻报道的可视性与直观性。从调查性新闻、精确新闻报道、计算机辅助新闻到数据库新闻的兴起，数据从新闻报道中的背景材料逐渐演变为新闻报道的重要形式之一。这表明在数字技术的推动下，新闻报道从生产方式到报道形态都逐步发生了颠覆性的转变。

2.3 本章小结

数据新闻是一个新兴的新闻范式，国内外学者对于它的定义纷繁复杂。本章在厘清数据新闻的概念的基础上，追溯了数据新闻的发展脉络，为进一步理解数据新闻奠定了理论基础。下一章中，我们将数据新闻放置于现实的语境中，从其兴起背景、发展现状进一步理解数据新闻的含义。

第 3 章　数据新闻的兴起背景和发展现状

3.1　数据新闻的兴起背景——开放数据运动

21 世纪以来，数据新闻经历了从诞生到快速发展的十几年。在这期间，数据新闻在英美等国家得到了主流媒体的重视并不断发展，成为业界的一道独特景观。作为一种新的报道形式，除了数据新闻本身清晰明了、信息丰富等特点使之迅速风靡全球，外部环境的推动也不可忽略。

数据新闻依赖数据而生，没有数据就没有数据新闻，没有足够的数据也就不可能有广泛、深入的数据新闻实践。数据新闻得以兴起和发展，离不开这场势不可当的数据运动——开放数据运动。《开放数据手册》中对开放数据的定义是："开放数据是一类可以被任何人免费使用、再利用、再分发的数据——在其限制上，顶多是要求署名和使用类似的协议再分发。"开放数据强调了开放的对象是任何人，即开放数据授权任何人在公开渠道均可免费获取并使用。数据不受版权或知识产权严格限制，可以自由下载，数据以易用且可机读格式存储，如 csv、xlsx 等格式。

20 世纪 80 年代，在美国兴起的开放计算机源代码运动中，软件开发者自愿放弃一部分权利，允许公众在一定范围内自由使用源代码。计算机源代码的开放许可极大地促进了软件技术的交流与创新，越来越多的人认识到数据开放的价值。数据不再被认为只是一种统计学意义上的存在，而日益成为一种能提升国家竞争力的基础性战略资源。数据资源以史无前例的深度和广度被大规模地搜集、储存、处理和再加工，大大激发了公众对个人数据安全和风险的关注，促使个人对数据所有权意识的觉醒，并纷纷加入开放数据运动中。而政府作为最大的数据资源拥有者，其对数据的垄断性控制遭到越来越多的质疑。随着运动的深入，"开放政府""开放政治"的口号逐渐衍生，要求重新界定个人与政府之间数据所有权的呼声也越来越高。最终在政府和社会力量的共同推动下，美国兴起了开放数据运动。

2007 年 12 月，美国在加州塞瓦斯托波尔举行的"开放政府工作小组会议"上提出了八项公开政府数据的准则，具体包括：

①完全性（complete），所有公共数据都可用，公共数据不受隐私权、安全考量或特权限制；②基础性（primary），数据不是以修改的格式，而是以最高水平的粒度格式从源头上进行搜集；③及时性（timely），为了保证数据的价值，要能尽快地获取数据；④可访问性（accessible），为最广泛的用户提供数据以应用于最广泛的用途；⑤机器可处理性（machine processable），数据结构合理，允许通过设备进行自动化处理；⑥非歧视性（non-dis-criminatory），任何人都可使用数据，而不必再专门注册；⑦非专有性（non-proprietary），数据以一种没有实体独占控制的格式提供；⑧非许可性（license-free），数据不受版权、专利、商标或商业秘密规则的限制，当然，合理的隐私、安全和特权限制也是必要的。由于美国在开放数据运动中的领导地位以及这些原则的广泛性和针对性，上述八项主张实质上转化为推动全球开放数据运动的主要理念和规则。

2009 年 1 月，时任美国总统奥巴马签署了"开放透明政府备忘录"，随后美国数据门户网站 www.data.gov.com 上线。目前，www.data.gov.com 是美国政府数据集的唯一门户网站，各个政府部门均会在该网站上以电子表格的形式发布各类数据，真正做到政府数据开放。截至 2021 年 5 月，美国政府已开放了约 21 万个数据集，涵盖农业、商业、气候、消费、生态、教育、能源、金融、卫生、制造业、海洋、公共安全、科研、地方政府等领域。

在此之后，开放数据运动开始在世界各地得到快速发展，澳大利亚、新西兰、英国等多个发达国家纷纷开放数据。2009 年 12 月，英国政府发布《第一前线：更聪明的政府》报告，将开放政府数据和提高政府透明度作为国家的首要战略。2010 年，时任英国首相的戴维·卡梅伦率先提出"数据权"的概念，承诺要为英国民众普及数据权。卡梅伦认为："新的'数据权'将确保人民有权向政府索取各种数据用于社会创新或商业创新。通过这些措施，我们可以创建一个最开放、最负责和最透明的政府。"

发展中国家也逐渐意识到开放数据的重要性，很多国家都将开放数据列为一项重要的国家战略。2011 年 9 月，巴西、印度尼西亚、墨西哥、挪威、菲律宾、南非、英国和美国签署了《开放数据声明》，成立了开放政府合作伙伴组织，全球已有几十个国家加入开放政府合作伙伴组织。除了国家层面，州政府与市政府也开始加入到这场运动中来，如美国纽约、旧金山，加拿大多伦多、温哥华，英国伦敦等城市。

在我国，2015 年 8 月 31 日，国务院发布的《促进大数据发展行动纲要》（以下简称《纲要》）首次在国家层面提出了"公共数据资源开放"的概念，将政府数据开放列为中国大数据发展的十大关键工程，标志着我国开始开放政府数据。《纲要》明确指出，"2018 年底前建成国家政府数据统一开放平台，率先在信用、交通、医疗、卫生、就业、社保、地理、文化、教育、科技、资源、农业、环境、安监、金融、质量、统计、气象、海洋、企业登记监管等重要领域实现公共数据资源合理适度向社会开放"。

这场数据运动能够得以席卷全球，除了政府力量的推动，还离不开社会力量的支持。汉斯·罗斯林（Hans Rosling）创办Gapminder项目，运用世界银行公开数据（world bank open data）来动态展示各个国家历年的各项发展指数，如人均寿命、二氧化碳排放量、儿童死亡率、经济增长率等。在获得第79届奥斯卡金像奖最佳纪录片奖的《难以忽视的真相》中，阿尔·戈尔（Al Gore）利用各类图表数据生动地向人们展示了气候变化。这些运用数据所做出的开创性举措，给人们留下了深刻的印象，也让人们深刻认识到数据所拥有的魅力。在这场运动中，媒体界所发出的声音同样高亢。英国《卫报》创办的"释放我们的数据"项目，长期致力于呼吁政府发布所掌握的数据，在这样的压力下，有不少政府部门开始发布部分数据，比如英国的官方地图绘制部门——地形测量局。还有很多记者不仅通过自己的方式搜集数据，也开始利用官方途径，比如美国记者利用《信息自由法案》向政府部门请求提供相关数据。

开放数据运动逐步推进，不仅为数据新闻提供了潜在的数据资源，也成为推动数据新闻诞生的重要力量。被大量发布的数据集，虽然成为新闻记者们取之不尽的新闻资源，但同样也给新闻记者们带来了挑战。在很大程度上，政府所做的仅仅是为现有的数据建立门户网站，发布相比以往更好操作与读取的 csv、xlsx 格式的数据文件，这就要求记者自己去挖掘数据背后的新闻价值。

开放数据运动所带来的成果之一——开源软件的涌现，为新闻记者更好地生产数据新闻提供了极大的帮助。在新闻领域，开源软件为记者提供了低成本、高效率和极具创新性的新闻生产工具。数据新闻专家大卫·麦坎德利斯（David McCandless）认为，数据之所以越来越重要，不在于数据量越来越大，而在于记者有工具、有能力去分析这些数据。西蒙·罗杰斯认为："免费工具（开源软件）的出现打破了数据分析、数据可视化和数据展示的技术壁垒，使之不再是少数人的专利。"开放数据运动不仅使媒体获得了数据这种"原材料"，还收获了处理数据的工具，使数据新闻得以大量涌现。

开放数据运动使新闻来源获得了开放性，人们不用再完全依赖传统新闻，比如人们可以通过独立网站"Where Does My Money Go?"（我的钱去哪了?）搜集英国政府所开放的数据，以一种通俗易懂的方式去解释英国政府是如何花钱的。这也赋予了新闻记者新的任务，因为数据开放了，并不意味着公众可以正确、深入地理解与公共利益相关的数据，也不意味着公众会主动查询、搜集这些数据，在数据开放与公众之间还存在一条难以逾越的"数据鸿沟"。对媒体而言，与公共利益相关的数据本身就是新闻生产的一部分，当大量数据开放时，如何利用这些数据资源洞察社会现实便成为一个重要的问题。这也是从事数据新闻生产的媒体们一直致力于解决的问题。在解决问题的过程中，数据新闻记者成为连接数据与公众的桥梁。数据新闻记者一端连接着掌握数据资源的机构，另一端连接着渴求数据的公众，前者只是发布数据而不会解释数据，而后者较少直接接触到这些数据。充当"桥梁"的数据新闻记者，则在二者中间进行调节与平衡，促进信息的流动。

开放数据运动已成为全球不可阻挡的潮流和趋势，目前数以百计的国家和地方政府相继建立了开放式的政府数据平台。对于新闻业界而言，开放数据一方面缩短了数据获取时间，另一方面数据公开中蕴含的公正、公平元素也让公众对数据新闻寄予厚望，增强了新闻的可信度。作为一种新报道形式，数据新闻正用它令人惊艳与新奇的特点让新闻世界发生改变。

3.2 国外数据新闻发展现状

许多国外知名媒体如英国的《卫报》、美国的《华尔街日报》等很早就开始对数据新闻进行实践探索。早在 1821 年，《卫报》就曾发表过关于曼彻斯特和索福尔德地区每所学校的学生在校人数和年均学费的统计数据图表，这则新闻也被视为该报最早的数据新闻。2009年3月，英国《卫报》在其网站上创建"数据博客"（Guardian Datablog）栏目，被认为是数据新闻实践领跑者，其后成立了专门的数据新闻团队。2012年"数据新闻奖"设立，从当时的参评作品的统计来看，数据新闻在全球的实践已经不断涌现。2013年，《纽约时报》关于"雪崩"的数据新闻报道获奖，进一步引发国内外媒体对数据新闻报道的广泛关注。2014年，《纽约时报》开始进行交互式的数据新闻的探索，并正式创办了"The Upshot"，在政治、经济和体育等领域利用数据的分析和呈现来剖析复杂事件背后的故事。在短短几年时间里，数据新闻实现了由萌芽到普及的过程。

3.2.1　英国的数据新闻发展现状

英国的数据新闻媒体中，《卫报》是数据新闻发展的先驱。《卫报》的"数据博客"栏目目前由一位专业编辑负责，其工作内容包括一个首页、各国和全球范围的发展数据的搜索引擎、网络上和《卫报》的视觉艺术家们的数据视觉化作品，以及探索公共开放数据的工具。每天，"数据博客"的编辑会使用谷歌电子表单（Google spreadsheets）来分享完整的数据。记者通过分析这些数据，并将之可视化，为报纸和网站提供新闻故事。"数据博客"遵循这样的发布流程：记者首先会撰写与数字相关的报道，然后发布给对原始的统计数据毫无兴趣的公众。记者充当从守门人到解释者的角色，帮助公众理解数据。

英国广播公司（BBC）和《卫报》一样是佼佼者。其数据新闻制作目标是帮助读者找到对个人有重要意义的信息，报道一些重大却鲜为人知的新闻，帮助读者更好地理解一些复杂的问题。BBC 的数据新闻团队由 20 人组成，包括记者、设计师和研发人员。除了承担数据项目和视觉效果的制作外，团队还包揽了新闻网站所有的信息图表和多媒体专题的制作。所有的编辑人员都必须熟练掌握一些基本电子表格的应用技巧，以便对数据进行分析。在 BBC 的数据新闻团队中，审校数据时最常用的工具是Excel、谷歌文档和聚合图表（fusion tables）。不过，对于比较庞大的数据集，BBC 的编辑会使用 MySQL、Access 数据库和全文检索工具进行处理。此外 BBC 的编辑还会通过运用关联数据技术和RDF 数据模型，以及 SPARQL 查询语言和数据访问协议，来模拟事件的发生。研发人员也会使用自己的编程语言，如ActionScript、Python；在探索地理数据并对其进行可视化时，则使用必应地图和谷歌地图，以及美国环境系统研究所（ESRI）的 ArcMAP 程序。在制图方面，BBC 数据新闻团队采用 Abode 套件，包括影视特效、Illustrator、Photoshop 以及 Flash 软件等。如今，虽然 JavaScrip，特别是 JQuery 和其他 JavaScript 函数库诸如

Highcharts、Raphael 和 D3 等，越来越符合团队制作数据可视化效果的要求，但发布 Flsah 文件的情况仍然少见。

英国的数据新闻发展已经比较成熟，2016—2019 年，几乎每年都举办了全国性的数据新闻大会（Data Journalism UK Conference）。大会主持人是网络新闻博客（Online Journalism Blog）的创始人、伯明翰城市大学数据新闻研究生课程的负责人保罗·布拉德肖（Paul Bradshaw），大会参与者来自英国各数据新闻媒体。本节将在对 2016 年至 2019 年三届英国数据新闻大会的重要议题的分析基础上，观照我国的具体情况，梳理出英国数据新闻发展的新趋势，以期为我国数据新闻的实践与发展提供借鉴。

3.2.1.1 由繁琐到简洁：界面设计的理性回归

2016 年 11 月，第一届英国数据新闻大会召开，这次大会的重要议题是：如何用数据新闻吸引读者，让数据更贴近读者的实际生活。三一镜报集团（Trinity Mirror）的高级数据专家克莱尔·米勒（Claire Miller）强调了实现数据个人化定制的重要性。"做好数据新闻，很重要的一点是做到让人们的生活更有意思。"米勒也对那些热爱图表展示的记者提出了警示，"有时候，用文字讲述故事反而更有效"。在三一镜报集团，米勒就遇到过图表无法在手机客户端查看的问题，因为手机屏幕较小，有些图表内容会非常难以看清，如果用手去放大，绝对会影响用户体验。

另一个被演讲者不断提到的主题，就是在保证数据新闻多样性的同时，也要注意其实用性，而实用性不一定与花哨有关。在报道一些贫困地区的新闻时，一张用不同颜色标记贫穷的不同层次的交互式地图看上去或许不错，但更个性化的报道方法是：写一个小程序，让读者可以在输入自己所在的地区邮编后，找到该地区的具体数据。

数据新闻经过这几年的蓬勃发展，已趋于成熟。数据新闻出现之初对炫酷的可视化形式、复杂的交互水平的追求，亟须回归到对个人生活的关注和实用性的思考。过度追求视觉上的丰富呈现，甚至将一些不适合的题材制作为数据新闻，反而会在传播中增加"噪音"。交叉使用多种呈现形式的数据新闻在一定程度上提高了读者的沉浸与卷入程度，使读者的"临场感"更为强烈，但呈现形式的繁复也可能造成"选择困难"和"视觉压迫"。

近年来，我国数据新闻界也注意到该趋势，并涌现出一批优秀的数据新闻作品。如由中国人民大学新闻学院 2014 级本科生制作完成且获得我国第三届数据新闻比赛一等奖的作品《雾霾十三年：还远不是停下的时候》，其搜集了 2014—2017 年政府、媒体与公众对雾霾问题的态度和倾向变化等数据，并与对人物的线下采访与数据相结合，展现出雾霾治理中宏观层面和个体层面之间的诸多矛盾。该作品在可视化设计中遵循实用原则，没有炫酷的可视化形式，仅有一些简单的统计图表。该作品对一些可以从文字表述直观看出变化的数据，如政府治理雾霾的投入，直接进行省略处理且没有进行可视化处理。整个新闻作品回归到新闻的本真，展现出创作者对公共议题的关注和对普通人生活的关怀。

数据新闻的核心在于故事本身，技术只是一种实现手段。也许如财新传媒数据新闻中心主任黄晨所说：可视化只是结果，酷炫的技术并不是要把问题复杂化，而是为了用最简单的技术把故事讲好。

3.2.1.2 由中央到地方：数据新闻的全面扩展

数据新闻选题的本地化，是 2017 年英国数据新闻大会的重要议题之一。目前，英国主要有两个项目致力于数据新闻选题的本地化，一个是英国非营利性组织"新闻调查局"（The Bureau of Investigative）主导下的"地方局"（Bureau Local）项目，另一个是 BBC 的"共享数据部门"（Shared Data Unit）项目。

"地方局"项目由《泰晤士报》《星期日泰晤士报》的前数据新闻记者梅根·卢塞罗（Megan Lucero）主管，以一种从下到上的方式运行。该项目以一款协同工作软件（Slack）的线上小组为基础，邀请地方媒体的记者们进入线上小组，并与之分享数据。梅根·卢塞罗认为："当你认为没有人在报道你的问题时，你就和媒体失去了联系。我们需要更多地方层面的关于公共利益的报道，所以我们专注于建立一个地方层面的社区和网络系统来实现这一目标。""地方局"项目孵化了一些优秀的数据新闻作品，如英国社区新闻网站"布里斯托电讯"（The Bristol Cable）

对于英国人接受移民抽查的数据新闻报道。根据其网站上的介绍，该网站致力于布里斯托（英格兰西南部的海滨城市）本地新闻的报道，2 000 多名会员为该网站给予了资金支持。在"新闻调查局"的帮助下，"布里斯托电讯"利用《信息自由法案》向英国内政部申请到了足够多的数据，揭示了大约有五分之一的英国人在过去五年中接受过移民突击检查。许多其他的地方媒体也进行了移民突击检查的报道，但是用的是当地的数据。

BBC 的"共享数据部门"项目由彼得·夏洛克（ Pete Sherlock ）主管，采用自上而下的策略运作：每三个月从区域报纸和网站借调三名新闻记者到该部门，接受数据新闻有关技能的训练。当这些记者回到区域新闻机构中去的时候时，将把这些新理念和新技能与自己的同事分享。

"地方局"项目的优势是需要不同角色的共同协作，其中许多（甚至可能是大部分）参与者并非来自传统新闻机构，这让该项目能够充分发挥开发人员、设计师和记者的专业知识和才能。这是一种更加开放的路径，但也依赖于已经对数据项目感兴趣并有开发动机的个人。相比之下，"共享数据部门"利用的是区域新闻机构更为传统的网络。编辑和记者的电子邮件和电话指导，能够激发那些可能不会参加"地方局"项目的人的数据素养。

无论是自下而上的"地方局"项目，还是自上而下的"共享数据部门"项目，都体现出英国数据新闻发展过程中对本地化议题的关注。目前已有的优秀数据新闻作品一般为全球性或全国性的内容。这种大型数据新闻涉及巨大的数据量和工作量，而且通常需要跨洲、跨洋、跨地区合作。从生产成本上看，地方媒体难以负担。我国优秀的数据新闻作品虽然也集中于人民网等国家级媒体，但近年来，地方媒体对于数据新闻的重视也与日俱增。如《四川日报》的 MORE 大数据工作室，聚焦四川本地的数据进行数据新闻制作，选题包括《数读四川清洁来源》等。该机构以数据可视化为切入点，从数据新闻、数据榜单、数据报告三个层面对数据进行多层次开发，成立一年以来生产发布作品 50 余件。

3.2.1.3　由人工到机器：人工智能的深度开发

2017 年第二届和 2019 年第三届英国数据新闻大会上对雷达项目[①]进行过介绍。由英国新闻协会（UK Press Association）和 Urbs Media 公司合作推出的雷达项目团队只有 5 名数据新闻记者和 2 名编辑，但是每月平均可撰写 8 000 篇英国地方新闻。雷达项目利用了由政府公开的基于地理区域的免费数据集，数据新闻记者首先确定数据中哪些角度、趋势或异常值（outliers）具有新闻价值，将其放置在一个具有基本结构的数据模板中，并为不同版本的文章构建模板，然后使用人工智能技术从本地化的角度润

---

① 之所以被称为雷达项目，是因为这个项目的英文简称为"RADAR project"，其中，RADAR 代表 Reporters and Data and Robots。

色报道。如果需要，本地新闻记者可以自行编辑内容以提高本地相关性。在这个过程中，人工智能起到了新闻生产助理的作用，提高了新闻生产效率，使模板中的文字信息更加本地化。

不管是整合好的结构化数据，还是经过挖掘的用户数据或记者搜集的模型，都离不开对数据的深度开发。中国和英国一样，早已将人工智能运用于新闻写作实践。2015 年 9 月 10 日，腾讯推出了我国第一篇由 Dreamwriter 撰写的"机器人新闻"，在国内开启了机器新闻写作的新模式。2016 年里约奥运会期间，由北京大学和今日头条联合研发的新闻机器人"小明"（Xiaomingbot）通过实时撰写奥运赛事的新闻稿件，发布奥运赛事的最新消息。新华社推出的"快笔小新"则开启了中央级媒体机器人写稿的先河。此后，第一财经的"DT 稿王"、百度的"度秘"、中国地震台网的"地震信息播报机器人"、《南方都市报》的"小南"、封面传媒的"小封"、《人民日报》的"小融"、《华西都市报》的"小冰"、《晶报》的"Giiso"、财新网的"财小智"等相继出现，并被运用于财经、体育、气象、地质等领域的新闻报道中，机器新闻写作成为中国数据新闻发展的新趋势之一。

人工智能技术运用于数据新闻领域后，将改变数据新闻内容生产模式，提高数据新闻生产效率。中国庞大的人口基数会产生的庞大数据集，加之国家层面的政策扶持和互联网巨头在各自垂直领域的多年耕耘，共同为中国在人工智能领域的蓬勃发展打下了坚实的基础。机器新闻写作具有的生产速度快、数据分析客观公正等优势，使得新闻记者能够摆脱繁琐的数据处理过程，专注于内容的深度创作。随着人工智能在新闻领域的广泛运用，人机协同式的新闻写作将会为我国数据新闻生产提供新的发展思路。

3.2.1.4 由虚拟到实体：数据新闻的另类突破

对数据新闻作品进行实体化开发，也是新的数据呈现方式之一。2019 年英国数据新闻大会上，Batjo 项目的负责人爱丽丝·科罗娜（Alice Corona）提出了数据新闻实体化的趋势，将数据新闻以实体装置的形式展现。Batjo 项目是一个致力于让记者学习掌握数字制造技能，为受众创造实体的和数据驱动的新闻体验的机构，该项目受到 Google 公司资助。Batjo 项目的案例包括"数据漫步"（data walk）、3D 数据地图和"绘制它"灯光条（light data bars），参与者给出某些数值来点亮这些灯光条。科罗娜认为，这种"数字制造"有可能比基于屏幕的数据新闻更具参与感。年轻人更有可能参与，而那些有感官障碍的人也可以使用非视觉感官来探索数据。

以"数据漫步"为例，该项目包括一个或多个 3D 形式的木条，参与者可以在木条上通过行走的方式感受随着时间改变的数值变化（见图 3-1）。目前，中国还少有针对数据新闻的实体化开发。笔者认为，实体形式的数据新闻可以在数据和受众之间增强互动，提升数据新闻的趣味性，提高大众的数据素养，可以成为未来我国对数据新闻深度开发的方向之一。

图 3-1 "数据漫步"项目示意图

3.2.2 美国的数据新闻发展现状

美国作为开放数据运动的发起国，已经开始通过 www.data.
gov.com 等网站开放政府数据，形成了具有相对高开放度的数据
环境。相比其他国家，美国在开放数据理念转化为实践方面走得
更远，这为数据新闻提供了良好的发展空间，美国新闻界亦成为
数据新闻领域的领跑者。

20 世纪初，美国记者在新闻报道中使用大型数据集几乎是不
可能的，一方面是由于数据来源的缺乏，另一方面是由于数据处
理技术难以掌握。关于各类新闻调查、求证等，记者只能被动等
待政府、市政府官员、研究公司等提供的数据。只有在完成一些
调查性新闻报道的情况下，记者才有可能自己搜集到资源，并在

对其进行分析后公布结果。但随着数据逐渐开放与技术进步，原有的情况正在迅速改变，越来越多的免费数据可以在网上获得，任何人都可以使用高效的工具对海量数据进行分析和可视化处理。

在美国激烈的新闻市场竞争中，传统新闻生产机构强调时效性，侧重争夺公众注意力而忽略了对真相的追寻，新闻品质不断下降，美国公众对媒体的信任度也随之下降。正是在这一背景下，数据新闻逐渐获得美国新闻媒体的青睐。公众信任的重建需要一种有别于传统的新闻样式，而数据新闻则被认为是一种可以提高新闻生产透明度的新的新闻模式。数据新闻中使用的数据集通常在网上发布，任何人都可以进行访问与分析。提高透明度有可能增强公众对新闻与媒体的信任。加之复杂的数据集需要用到科学的知识与工具进行处理，新闻在生产过程中的可信性、权威性得以提高，也使得新闻逐渐获得了公众的信任。

数据新闻被视为一种从新闻信息网站向更具互动性的新闻信息平台转变的新报道形式，已经成为美国很多新闻机构不可或缺的在线战略之一。新闻媒体寄希望于数据新闻的发展，为它们的读者提供一种内容互动的新方式，并以此进一步完善新闻内容。数据新闻也被视为一种展示工具，媒体们借助统计方法、可视化和互动方式来呈现信息，从而制作更好的新闻，也能够更好地发现隐藏在新闻背后的故事。新闻机构同时希望通过数据新闻更好地服务于公众，从而对社会产生更好的影响。

特别是在《纽约时报》《卫报》发表"维基解密"系列报道——阿富汗战争日志之后，新闻媒体们越来越感受到数据新闻所带来的新可能性。这些美国军方关于阿富汗冲突的内部数据由维基解密获得，也意味着数据新闻的数据来源更加丰富。《纽约时报》曾报道，维基解密所获得的数据体量多到可以将美国士兵淹没。在之后的伊拉克战争日志、美国大使馆密电泄露事件中，数据新闻愈加显示出自己独特而强大的力量。2011年，雷诺新闻研究所（Reynolds Journalism Institute）的一项调查发现，美国日报的记者经常求助于地方、州和联邦政府网站，寻找可以在报道中使用的数据，数据新闻在新闻报道中占有越来越重要的地位。

2011年，美国记者杰夫·麦克格（Geoff McGhee）与另外两位以数据为导向的记者发表了一篇关于新闻业未来走向的辩论性文章。文章指出，新闻媒体应该放弃旧的商业模式——将观众的注意力卖给广告商，积极把握住新的技术与机遇，成立可靠的数据中心，以便在遇到非常庞大和复杂的数据集时，媒体内部能够进行分析并根据分析结果完成新闻生产。新闻从业人员的呼声，也促使了数据新闻在美国新闻界得到愈发的重视。

3.2.2.1 数据来源

美国新闻机构除了从联邦政府机构获取数据，如卫生与公众服务部和环境保护局，也会使用一些非官方来源的数据集，包括各种非营利组织、维基解密等。

新闻媒体在积极使用这些数据的同时，也进一步推进了数据开放，从而促进数据新闻的持续发展。2015 年，《华尔街日报》母公司在对政府的诉讼中获胜，迫使政府于 2014 年首度公开涉及 6 000 亿美元医保账单的数据，由此便诞生了数据新闻"年度调查奖"提名作品"医疗解密"系列数据新闻。调查记者和数据专家团队对 920 万条数据进行分析，锲而不舍地跟进调查，连续发布了 8 篇报道，揭露美国医保体系的巨大黑幕。这一系列报道同时获得 2015 年普利策调查类新闻奖，且最终引发美国国内行业震荡，迫使政府推行医保体系改革，控制超额开销。

美国一些新闻机构还会组织名为黑客马拉松、黑客日和代码马拉松的活动，旨在推动有关数据新闻的项目。新闻机构通常会为参与者提供数据集，这些通常是从地方或联邦政府获得或者媒体自己汇编的数据集。参与者根据提供的数据集开发故事项目和 Web 应用程序。这些活动对任何人开放，参与者通常是程序员、网页开发人员、设计师、自由记者和社会活动家。例如，《纽约时报》举办了一个 TimesOpen 黑客日（TimesOpen Hack Day），召集了很多学生与开发人员以探索共享和展示数据的新可能性。

这些活动有两个主要目标。一是新闻机构希望以此启动其数据新闻项目，通过邀请不同的团队一起构思与工作，项目可以向前迈出重要的一步。二是新闻机构希望开发出一个创新网络，包含现代新闻机构所需的各类技能——网络开发、编程、创造性思维等。此外，新闻机构还能凭此建立起属于自己的人才库，它们可以根据数据新闻项目的需要来利用这些人才库。新闻机构也逐步意识到它们对技能的需求总是在不断变化的，这也是它们如此密切关注并举办这些活动的原因。

3.2.2.2 数据新闻制作

数据分析的结果与数据新闻通常是一起发布的。美国新闻机构往往强调新闻内容，数据可视化和数据分析通常作为新闻的一部分嵌入新闻情节中，而非新闻的重点。分析中使用的数据集通常发布在新闻机构的网站上，这一原始数据的发布也被视为新闻过程中不可或缺的一部分。这主要有两个原因。第一，因为公开透明。当数据集发布在网上时，任何人都可以对它们进行分析，并将自身的结果与新闻机构得到的结果进行比较。第二，通过发布数据，新闻机构可以邀请读者（基本上是任何人）进行数据处理，并创造新的信息。因此，发布数据集这一简单的行为可以在更广泛的意义上造福社会，而不仅仅是发布一则新闻，甚至其他人也可以找到记者没有注意到的相关信息。

基于这样的新闻内容，美国大多数媒体的数据新闻生产流程大致可以分为以下阶段：确定新闻的要点和数据在新闻中的潜在作用；确定并获得正确的数据集，以回答记者所构想的问题；修改数据，使其可供分析，如纠正数据集中的错误；用正确的工具分析数据，并在相关情况下将数据与其他数据集混合；生产新闻，包括文本、视觉化、互动元素；公布分析中使用的数据集；邀请读者参与，重复使用数据，通过社交媒体评论和分享新闻，并通过 Flickr、Facebook 和 Twitter 等应用提交更多的信息。

3.2.2.3 部分美国数据新闻媒体的案例

2007 年，美国《纽约时报》建立了一个由记者和程序员组成的团队，即现在的"互动新闻技术部"（interactive news technologies department），探索在线新闻的报道形式。这个团队在《纽约时报》网站上为总统选举、奥运会等重大新闻制作推出了大量动态、互动的信息图表，每一张图表都有大量数据作支撑。《纽约时报》网站为此专门在"多媒体报道"版块下开辟了"互动"频道，汇总此类报道。但此时《纽约时报》仍没有对数据新闻做出明确的分类，而是将一些数据新闻报道放在多媒体报道版块中。

美国《芝加哥论坛报》旗下的新闻应用团队则像一支潜入新闻编辑部的快乐黑客团队，与编辑和记者密切合作，和他们一起调查和报道故事、在线描绘故事，为芝加哥当地的特定群体建立永久的网络资源。这一团队是由一群技术专家组成的，每天早晨的工作都以一个五分钟的非正式简短会议开始。他们通常两人为一组负责一个项目，大多数项目都可以在一周之内完成。在长期项目中，编辑部常常采用以一星期为一个周期的工作方式。在数据新闻具体编写流程中，编辑部的记者和编辑们发现数据；数据新闻团队帮助记者挖掘数据、将 PDF 文件转换回表格文件并获取网站数据。

在美国兴起的开放数据运动，促使数据成为媒体挖掘新闻故事的宝藏，也成就了数据新闻在美国等国家中的率先崛起，并逐步发展为全球新闻业的潮流。但目前大数据也仅仅作为媒体获得新闻线索的来源，对于数据的处理分析、可视化呈现仍被作为传播的手段之一，如何更加精彩地讲述数据背后的故事，还亟待新闻从业者们继续探索与突破。

此外，数据新闻也对新闻记者提出了新的要求。如今，记者们需要掌握数据分析、网络开发和社区管理等技能。然而，在一则成功的数据新闻中，最重要的因素是记者意识到什么是与之相关的、令人感到有趣的话题，以及什么才是真正需要被回答的问题。只有在确定了这些之后，数据才能有效解决这些问题。美国新闻业正在寻找一种支撑数据新闻发展的可持续方法，但这种理想的方式尚未被创造出来。

3.2.3 德国的数据新闻发展现状

在数据新闻数字化和制度化之前，地方新闻编辑室曾经是支持数据驱动实践的肥沃土壤。迈耶斯的精准新闻是他在调查 1976 年年底特律骚乱的时候发掘的故事；霍洛瓦蒂是超本地数据库平台的创始人，被认为是数据新闻"最具影响力的早期创新者"。数据新闻的发展情况在整个欧洲的差异都很大，虽然有《卫报》这样的数据新闻巨头，但是较小的地方新闻机构仍然无法提供可能具有显著的超本地潜力的实践。很多德国媒体人已经认识到"数据讲故事"的方法可以更好地为读者解答突出的地方问题，这可以解决嵌入在新闻实践中的长期存在的公共服务道德问题。在《卫报》一类的数据新闻巨头的影响之下，与英国地理位置相距不远的德国的数据新闻集中在本地的新闻编辑部内发展起来，并为创造一个健康的超本地数据新闻生态系统打造了一个具有无限潜力的温床。

德国的数据新闻发展主要有两方面障碍。一是经济危机、资源不足和裁员对德国地方性新闻机构的打击尤其严重。虽然地方新闻业在差异化的国家媒体市场结构中发挥着至关重要的作用，但它的观众、广告收入和新闻编辑室的工作人员往往大大减少。因此，地方性新闻机构常常采用数据新闻记者和专家记者协同合作的方式进行数据新闻生产。二是记者对本地化数据的访问困难重重，当地官员甚至会阻碍记者获取和处理数据。数据新闻记者在使用地方层面的数据方面会比联邦层面的数据面临更严峻的挑战。

地方新闻机构虽然生存艰难，但依然很重要。在过去几年中，德国地方媒体中已经大量涌现出大量数据新闻记者和数据部门。德国的一些地方媒体，如柏林《摩根邮报》，已经建立了数据团队，并获得各种行业奖项。

服务公众、做好批评者的角色是德国数据新闻记者的特点之一。德国数据新闻记者比其他德国记者更强调揭露不当行为。在德国的一项关于数据新闻记者的访谈中，35名来自地方性新闻机构受访者一致认为，数据新闻的基本任务是解释和传达复杂的事实。受访者强调，他们通过监测数据记录来提高透明度。他们认为自己主要是批评者，对服务或娱乐功能不感兴趣。为了履行监督机构的这一角色，数据新闻记者团队通常由两到三个成员组成，从事数据搜集、分析、写作等工作。另一项对47名德国数据新闻记者和编辑的调查发现，作为独立的观察者和监督者，数据新闻记者的服务公众的意识更强。

合作是德国数据新闻实践的另一个特点。德国数据新闻记者承担着不同的组织角色，包括孤立的数据新闻记者、数据编辑、跨部门团队的成员。他们往往寻找非编辑部成员或非新闻专家进行合作。除了来自数据新闻社区的其他新闻机构的记者外，来自开放数据社区的学术研究人员和程序员也被视为重要的合作者。

在数据来源方面，德国数据新闻记者认为政府机构提供的数据是数据驱动新闻工作最重要和最常使用的来源。在对与德国新闻媒体合作的记者进行的调查中，由联邦或地区数据提供商提供的开放数据也是最常用的数据来源。与此同时，德国的数据新闻记者还通过《信息自由法》的相关规定来获取数据。

3.2.4　意大利的数据新闻发展现状

学界对于数据新闻的研究主要集中在英国、美国等国家，几乎没有对意大利的数据新闻发展情况的相关研究。但意大利的数据新闻有其特殊性。首先，意大利的媒体体制及其传统新闻文化出现了不愿创新的现象，而数据新闻本身是一种创新的新闻范式；其次，意大利数据新闻记者一般都是自由职业者，直接与小型新闻机构联系，而不设置传统的新闻编辑室；最后，数据新闻在意大利是一个高度专业化的细分领域，具有很强的技术壁垒。虽然意大利已经通过了《信息自由法》，但是数据新闻的发展依然在很大程度上取决于可用性和公共数据集的可访问性。

目前，意大利的数据新闻机构主要有以下六个：Open polis（成立于 2006 年）、Spahetti Open Data（成立于 2010 年）、Data Journalism Italy（成立于 2012 年）、DataNinja（成立于 2012 年）、IRPI – Investigative Reporting Project Italy（成立于 2012 年）、Hackers（Venice Chapter）（成立于 2015 年）。

意大利数据新闻记者发表数据新闻的渠道主要包括：①在意大利知名新闻媒体上发表；②发表于国际新闻媒体，通常与国际记者合作；③获得奖励和资助后，在指定平台发表。

3.2.4.1 意大利新闻业的政治经济背景

由于缺乏足够的投资，意大利数据新闻的发展受到很大限制，但这种消极的经济和政治环境反而促进了数据新闻记者社区的形成，并迫使作为自由职业者的数据新闻记者在竞争激烈的市场中脱颖而出。意大利数据新闻记者比较独立，与传统的新闻记者相比，他们更有自主权。但独立的数据新闻记者很难找到合适的谋生方式，通常他们需要向非政府组织寻求经济支持。

3.2.4.2 意大利的新闻制度以及透明度

数据新闻在意大利仍然是一个新兴的创新领域，并且发展比较缓慢。这一方面与意大利独特的新闻环境有关，另一方面与数据的透明度有关。意大利的数据新闻记者使用不同的平台来分享数据、分析数据等。因此，在这样的环境中，新闻工作者也能分享价值观和数据新闻制作理念。

不像那些在新闻编辑室中受教育和社会化的传统记者，数据新闻记者分享的专业规范和价值观与英美新闻文化密切相关。许多意大利的数据新闻记者认为，如果（原始）数据不被共享和公开，记者就会成为隐瞒数据的同谋。但现实情况是，意大利政府的数据透明度较低，这对意大利数据新闻的生产来讲是一大阻碍。

3.2.4.3 数据新闻记者个体层面

意大利的数据新闻记者缺乏来自专业新闻学院的系统教育，

他们主要从网络上自学数据新闻相关知识。但数据新闻本身是对技术要求极高的，如果数据新闻记者没有处理数据的技能和相应的新闻专业背景，就难以创作出高质量的数据新闻作品。

3.2.5　澳大利亚的数据新闻发展现状

随着全球开放数据运动的兴起，澳大利亚在 2010 年便发布了《开放政府宣言》，承认政府信息应当更好地被普通民众获取与使用。澳大利亚是继新西兰、欧洲、北美洲之后开放政府数据的地区之一，也是国家开放数据活动和倡议的主要国家之一。自 2010 年开放数据项目首次启动以来，截至 2014 年，澳大利亚已发布了 2 135 个数据集，这些数据集来自多个政府机构的数据。澳大利亚数据新闻正是伴随着开放数据运动而发展的。

虽然数据在澳大利亚新闻媒体中一直占据很重要的位置，但澳大利亚记者开始了解数据新闻却始于 2011 年左右，随之才出现了最初的数据新闻记者，如克雷格·巴特（Craig Butt）。

2011—2015 年是数据新闻在澳大利亚兴起的最初几年，数据新闻在澳大利亚新闻界被视为是一种"新朋克"的倾向，正如当时《卫报》的记者罗杰斯所说，一些澳大利亚编辑开始参与到数据新闻制作中。澳大利亚历史最悠久的媒体机构之一——费尔法克斯（Fairfax）的新闻组组建了一个基于《时代报》之外的小型数据团队，并任命马克·蒙克里夫（Marc Moncrief）在 2013 年成为数据编辑，与克雷格·巴特一起协同负责数据新闻报道。同时，澳大利亚报刊中也兴起了数据新闻，如英加廷（Inga Ting）被任命到《悉尼先驱晨报》，埃德蒙·塔德罗斯（Edmund Tadros）被任命到《澳大利亚金融评论》等。但不同新闻机构的发展情况并不相同，拥有国家资助的 ABS News 能组建一个数据新闻记者团队，但大多数据新闻编辑室往往只聘用一个数据新闻记者，甚至有时还是兼职。此外，当时在澳大利亚占主导地位的媒体集团——新闻集团（News Corp），却对数据新闻的投资较少，数据新闻也并未在整个新闻媒体中掀起一股潮流，仍是小范围内的兴起。

在数据新闻兴起的最初阶段，澳大利亚新闻界还有一种较为强烈的倾向——将数据新闻看成是一种实验。对于当时的记者而言，数据新闻具体涉及什么内容有着相当大的不确定性，制作数据新闻所需的时间、资源也是不确定的，收益（例如点击量、公众的评价）是否值得他们所为之付出的成本也是不确定的。但正是由于初期数据新闻被视为一种实验，早期的数据新闻编辑被允许有更多的工作自由，能够进行自由的新闻探索。

虽然数据一直很重要，但许多澳大利亚记者缺乏基本的数据处理技能，在数据新闻兴起这一时期，这样的技能缺乏尤为凸显。虽然新闻机构已经任命了专业人员去担任数据新闻记者的这一特定职位，但他们通常负责数据新闻的所有方面，包括构思、数据搜集、整理和分析，直至可视化。他们称得上是"全才"，但却不是任何方面的专家，这意味着他们有时不得不求助于健康记者或交通记者帮助分析和撰写新闻。数据"全才"受到青睐，因为这比拥有一系列技术专家更有性价比，但这也意味着数据新闻制作可能更粗糙。数据新闻记者虽然在很大程度上不局限于特定的内容生产，他们能够分析数据并找到一些有新闻价值的新内容，但当数据新闻记者没有足够的知识积累时，数据中看起来非常有趣的内容对读者而言，可能只是常识。

对于数据新闻的展现形式，初期澳大利亚数据新闻的主要展现形式是大规模的交互式仪表板（dashboard），允许读者自己探索数据——在某种程度上表达出他们自己的观点。这样的数据新闻形式，在初期也被认为是普遍有效的，比如，克雷格·巴特曾为年度学习成绩建立了一个交互式仪表板，人们可以在其中深入挖掘数据。这种方法被连续使用了好几年，每年都有新的数据插入，并且在最初的几年里受到了热烈欢迎。

2015—2017 年期间，澳大利亚数据新闻的实践和结构又发生了一系列变化。在这一时期，澳大利亚新闻业持续面临着一系列危机，媒体机构费尔法克斯与新闻集团一再裁员，新闻编辑室人员大幅缩减，又由于劳动力减少进行了多次重组。数据新闻业在这场危机中也未能幸免，在媒体机构费尔法克斯中便发生了一些变化。大量数据新闻记者的身份发生了转变，比如，克雷格·巴特从数据新闻记者的角色转向了健康新闻记者，甚至转向更加不重要的角色，数据处理变成依附于当下新闻制作的次要工作。数据新闻记者英加廷转到了 ABC News，从事其他工作。记者埃德蒙·塔德罗斯仍然从事一些数据新闻工作，但将自己描述为"业余时间的 AFR 数据编辑"。澳大利亚数据新闻业在此打击之下，受到了不小的影响，甚至有新闻媒体认为，澳大利亚已经没有数据新闻了，数据新闻业正在走向衰落。

但不可忽略的是，在澳大利亚，至少有部分新闻编辑室也重视数据的作用，基础、常规甚至是稍有难度的数据技能成为众多记者必须掌握的技能，而掌握这些技能的记者也越来越多。数据新闻处理还呈现出简化的趋势，即远离大规模数据处理项目和仪表板制作，走向缩减数据量与技术处理的极简主义。新闻媒体中数据处理技能培训变得越来越流行，这也让越来越多的记者能运用更高级的技能处理数据，并在新闻制作时使用更多的技术工具。比如，ABC News 给记者提供了一些数据处理技能培训。学界对数据新闻的教育也愈加重视，澳大利亚部分大学在教授学生数据新闻相关学科时，也会提供一些线上和线下的培训课程，如谷歌新闻实验室和沃克利基金会提供的课程。

随着数据处理工具的愈加完善，数据新闻对记者的技术要求也越来越低，任何记者都可以使用这些基本工具生产数据新闻，数据新闻记者的专业化程度大大降低。许多数据新闻的讲述方式也有所简化，数据演示并不是最重要的部分，数据新闻转向更加专注于故事生成和分析。从基于读者自己探索数据的交互式仪表板到数据极简主义，读者趋向被告知新闻故事，而不是自己去探寻数据与内容，交互性变得只在需要时存在。制作完成更大的数据新闻项目和仪表板所需的时间和资源会更多，对于如今新闻媒体而言这是高成本且冒险的行为。此外，由于互联网时代下的读者在阅读新闻时的专注力越来越差，阅读时间越来越短，相比于探索性仪表板，读者更青睐叙述性的解释。随着移动消费与社交分享的兴起，以往数据新闻所依赖的交互式仪表板往往无法在移动端如手机、平板上运行，造成用户体验感不佳，从而影响新闻点击率。社交媒体使人们从移动设备上便可看到新闻，而且新闻点击率绝大部分来自手机，这也迫使数据新闻的结构形式作出改变，以适应全新的媒介。

数据新闻自在澳大利亚诞生以来，一直未能成为一种普遍的新闻报道形式，新闻媒体对数据新闻的接受程度也参差不齐。但值得注意的是，在澳大利亚，数据正慢慢变为新闻的背景和支撑，这样标准化的数据新闻通常不存在早期浮于数据表面的新闻炒作。更简单的呈现形式和更丰富的叙事内容，能对读者产生更有效的影响，同时也有助于确保读者与新闻媒体保持同步。在这一背景下，ABC News 的数据部门继续扩大，其他新闻机构仍有一小群活跃的数据新闻记者。除此之外，数据新闻技能正变得越来越普遍化，而不仅仅是一种被少数人掌握的专业实践。数据新闻工具的改进，减少了记者处理数据的技术壁垒，促使记者使用更简单的报道形式。在某些情况下，媒体还会聘用技术专家，使记者能够更专注于新闻报道而不是陈述。

此外，还应注意到，澳大利亚虽然是最先开展开放数据运动的国家之一，但澳大利亚在开放数据方面的进展却是"零星的"和"过渡性的"。虽然一些机构积极主动并相当认真地接受了这场运动，但仍然存在许多障碍，不利于新闻记者对数据的使用。比如，2015年，澳大利亚通过了一项新的数据保留法案，要求互联网服务提供商将其客户活动的元数据保留两年，并在一些人认为非常宽松的条件下向政府机构提供这些元数据。这一新举措对澳大利亚数据新闻行业影响巨大，因为它使政府机构能够轻易地识别和追查记者的消息来源。澳大利亚媒体在一定程度上也受到政府、法律等外部环境的影响，导致数据新闻的发展受到打压。但澳大利亚数据新闻仍涌现出一些优秀作品，比如，《卫报》（澳大利亚版）曾披露了瑙鲁拘留中心泄露的2 000多份文件，引起了一些公开辩论，进一步向政府施加压力，要求其改变无限期拘留和虐待儿童的做法。

3.2.6　中国的数据新闻发展现状

从2011年开始，随着数据挖掘、可视化技术的发展与成熟，国内媒体逐渐紧跟国际新闻界步伐，在数据新闻与可视化领域的探索方面不断深入，掀起数据新闻实践热潮。作为一种新型的新闻生产模式，数据新闻改变了传统新闻的生产模式和运作体系，引发了新闻报道理念、思维与模式的变革，成为大数据时代新闻学发展的新领域。与此同时，国内院校新闻相关专业也开始注重数据新闻报道相关课程设置以及人才培养，学界和业界所作出的努力使数据新闻受到越来越多的关注。

以英国《卫报》《泰晤士报》，美国的《纽约时报》、《华盛顿邮报》、彭博社等为代表的西方主流媒体，在数据新闻实践方面具有先进的探索经验。在国内学界对数据新闻进行探索前，国内新闻从业者就开始学习国际媒体的先进经验，并以此为例进行数据新闻的生产实践。国内数据新闻实践源于门户网站，相较于传统媒体，门户网站这类网络媒体因拥有领先的网络技术、多样化的呈现方式以及海量的用户生成内容等特点，在数据新闻报道方面拥有更明显优势。

自 2011 年起，国内四大门户网站搜狐、网易、腾讯、新浪相继推出各自的数据新闻专门栏目："数字之道""数读""新闻百科""图解天下"。搜狐在 2011 年 5 月就推出《分税制下的"财政样本"》；2012 年 4 月腾讯推出其平台首条数据新闻《还有多少东西是工业明胶做成的》；网易 2012 在 1 月推出《王朝既倒：关于柯达公司的十个数字》；新浪在 2012 年 6 月推出《两会微数据——微博上最被关注的内容》。2013 年 10 月，财新传媒正式成立财新数据新闻与可视化实验室，并在财新网上推出财新"数字说"栏目，成为国内较早实践数据新闻与可视化的传媒机构之一。"数字说"栏目发表的《青岛中石化管道爆炸事故》报道获得亚洲新闻奖。

除此之外，新华网、人民网等官方媒体也陆续涉足数据新闻领域，通过可视化形式聚焦时事政治、信息服务、知识科普等议题，满足用户信息需求。作为国内最早以部门形式成立数据新闻部的媒体之一，新华网灵活运用新思维、新技术进行理念创新、形态创新。2012 年，新华网成立了"数据新闻"项目，并于2014 年 6 月进行栏目第一次改版。在第 25 届"中国新闻奖"评选中，新华网"数据新闻"专栏凭借其独家权威的数据新闻报道被评为"新闻名专栏"，反映了国内新闻界对于数据新闻的重视。

虽然网络媒体在数据新闻报道中风格不一且多种多样，但传统媒体对于数据新闻的探索同样不容忽视。基于数据新闻报道的可视性、形象性以及客观性等特征，数据新闻成为传统媒体转型的新趋势。其中，中央电视台、《南方都市报》等媒体走在传统媒体新闻革新的前列，其在数据新闻领域的报道实践受到学者的广泛关注。

在电视媒体方面，2014 年 1 月，中央电视台（以下简称"央视"）《晚间新闻》栏目推出"据"说系列报道，拉开了中国电视媒体数据新闻报道的序幕。国内各大省级、地方电视台陆续推出了数据新闻专题报道。如江苏卫视的《大数据看迁徙》《大数据说消费》、浙江卫视的《大数据看春运》《大数据看出行》、湖北卫视的《湖北大数据》等。这些地方电视台多围绕"春节""五一"等节假日和社会热点事件，用动画、3D 视频、虚拟互动等媒体表现形式进行数据新闻报道。2016 年，广东卫视开设了全国首档大数据电视新闻栏目。越来越多的电视媒体更多地以节目、专题报道的形式进行数据新闻报道，或者将数据新闻作为一种日常报道方式。

在纸质媒体方面，2012 年 5 月，《南方都市报》开辟"数读"版，这是国内纸媒数据新闻报道的率先尝试，随后推出的"NEWS 数据"版成为采用可视化方式呈现的数据新闻实践平台。2014 年 6 月，《南方都市报》成立数据新闻工作室，通过搭建数据库、延展即时热点，以信息图、交互图等表现手法生产创意数据新闻产品，通过数据挖掘表象背后的原因与真相，进行差异化报道，并通过报纸版面、官方微博以及工作室微信公众号"南都有数"等渠道进行传播，以实现资源的深度使用以及纸媒的全面升级。此外，《钱江晚报》的"图视绘"数据新闻专版，主张"新闻用图说话，让传播更快捷，让阅读更流畅"。《京华时报》的"财经图解"数据新闻专版，就国内外的财经新闻进行报道，对财经类新闻的图解精细无比，让复杂的经济数据简单明了地展示在读者面前。传统纸媒的数据新闻探索有利于独家新闻的发掘、文字报道客观性的增强以及受众阅读感受的强化。

此阶段，数据新闻实践越来越注重用户交互式体验，通过场景化设置以及细节部分的深度交互设计，满足不同类型用户的个性化需求。数据新闻逐渐成为我国各大新闻网站的标配，愈发得到传统媒体的重视，作为新闻界创新发展的主流趋势，呈现出蓬勃发展之势。

如今数据新闻早已成为一个耳熟能详的概念，业界与学界大多已对其不再陌生。数据新闻在媒体界遍地开花，但同时也有一些数据新闻栏目关闭或停止更新。2015 年，有 15 家新闻媒体或数据公司建立了数据新闻栏目，是建立数据新闻栏目最多的一年。此后数据新闻新建栏目数量逐年减少，发展趋于平稳。据不完全统计，截至 2019 年 5 月底，我国先后至少创立了 47 家数据新闻栏目，其中 31 家数据新闻栏目保持着固定更新，但也有 16 家单位已停更或无法查询到更新情况。

数据新闻在发展过程中仍面临着较多的问题，其中既有数据新闻发展的普遍性，也有因政治体制不同和经济发展差异的特殊性。中国对"数据新闻"的开发探索仍在路上，虽然业界也涌现了一些有价值的数据新闻产品，但受到数据来源和制作水平的限制，在数据新闻制作方面，还存在数据新闻质量不高、对数据的开发还比较初级、有数据新闻的外衣却缺乏数据新闻的精髓等问题。

相比一些拥有专业数据新闻制作团队的国外媒体，如《卫报》有分布在伦敦、纽约、悉尼三地的数据新闻团队，BBC 有数据新闻部门（data journalism unit），《泰晤士报》有新视觉新闻团队。中国媒体的数据新闻团队规模较小，且主要由文字编辑、美术编辑构成，部分团队甚至没有专门的数据分析人员和编程人员。虽然近年来中国已经建立了优秀的数据新闻团队且也有一系列出色的数据新闻作品，但数据新闻团队的建立还不是数据新闻产业非常重视的环节，且对于数据分析人员和编辑人员的重视还不够。

此外，技术人才的稀缺也导致了中国优质数据新闻团队的缺乏。数据新闻的兴起对记者的能力要求更加全面，记者除了要掌握基本的新闻采编技能外，还需要掌握数据的采集、分析和处理能力，甚至是设计能力。建立专业数据新闻报道团队，不可避免地需要加强对成员的数据新闻技能方面的培训，使新闻从业者掌握基本的数据新闻知识，并且进行技术人才的引进与补充。我国众多高校虽然已对数据新闻教育进行了许多有益的探索，比如，武汉大学镝次元数据新闻研究中心、北京数可视科技等机构，通过讲座、工作坊、举办数据新闻比赛等形式，推进数据新闻教育；中国传媒大学开设新闻学专业（数据新闻报道方向）；复旦大学、上海大学、南京大学等大学也相继引入数据新闻相关课程。但整体而言，中国数据新闻发展依然比较滞后，相关教育也仍处在起步阶段。

3.3 中外数据新闻发展对比

英国是数据新闻发展较早且发展较为成熟的国家。中国数据新闻的发展虽然稍晚，但在新闻实践中已逐渐成为众多媒体的重点发展方向之一。因此本小节主要以英国为例，将从生产团队、数据可视化形式、数据新闻呈现平台、数据源的获取、盈利模式五个方面，对英国和中国数据新闻发展情况进行深入剖析。通过对比分析中外数据新闻的发展现状，本小节揭示中国数据新闻在发展过程中面临的挑战，并积极探索适合中国国情的数据新闻发展路径。

3.3.1 英国和中国数据新闻的历史与现状

英国是数据新闻发展比较早的国家之一，《卫报》则是英国媒体中制作数据新闻的佼佼者。1821 年，英国《卫报》上关于曼彻斯特和索福尔德地区每所学校的学生在校人数和年均学费的统计数据图表，被视为该报最早的数据新闻。2009 年 3 月，《卫报》推出了数据博客（Guardian Datablog）栏目，其后成立了专门的数据新闻团队。发生于 2010 年的"维基解密"事件通常被视为当代数据新闻的起始点，这一次大量的公开数据泄露也推动了包括《卫报》《泰晤士报》在内的英国众多媒体参与到数据新闻制作之中。2012 年伦敦奥运会期间，《卫报》、BBC 等众多英国媒体都采用了数据新闻这一形式进行报道，数据新闻得到进一步推广。受到小型新闻机构中稀缺的人力资源和经济资源限制，即使是数据新闻总体融入得不错的英国媒体系统依然存在中央和地方不均衡发展的现象。得益于英国媒体领导层对数据新闻价值的重视，《卫报》、《金融时报》、BBC、《泰晤士报》等国家级媒体组织在这场跨时代的数据新闻发展竞赛中领先。除了《三一镜报》和 BBC 苏格兰，其他地方媒体组织的数据新闻制作深受内部组织和编辑上的压力，以及人力和物力资源的限制。

在中国，最早开设的数据新闻栏目是搜狐于 2011 年推出的"数字之道"。2012 年，网易、腾讯、新浪等门户网站均开设了"数据新闻"专栏。2012 年 2 月，财新传媒成立数据新闻与可视化实验室，成为率先在此领域起步的新媒体。2012 年，新华网成立了"数据新闻"项目，并于 2014 年 6 月进行了栏目第一次改版。之后，数据新闻逐渐成为我国各大新闻网站的"标配"，并得到传统媒体的重视，呈现出专业化、多元化、移动化等特征。

3.3.2 数据新闻生产团队

英国数据新闻发展较为成熟的媒体大都配置有专业的数据新闻制作团队，如《卫报》有分布在伦敦、纽约、悉尼三地的数据新闻编辑或记者团队，BBC 有数据新闻部门（data journalism unit），《泰晤士报》有新视觉新闻团队。英国的数据新闻生产团队包括数据新闻记者（data journalist），数据新闻编辑（data editor），数据新闻的编程人员（programmer）、制图员（information grapher）等。以《泰晤士报》的新视觉新闻团队为例，该团队共有 34 人，工作重心是运用视觉元素对时事新闻进行分析和阐释。据《泰晤士报》视觉总监马特·柯蒂斯介绍，新视觉新闻团队的核心成员是数据新闻记者、信息编辑（图表编辑）、内容设计编辑（视觉总监）。其中，内容设计编辑是项目的主要决策人。

中国的数据新闻团队人数普遍较少，且主要由文字编辑、美术编辑构成，部分团队甚至没有专门的数据分析人员和编程人员。根据今日头条平台对中国数据新闻产业的调查报告，在受访媒体人中，表示所在机构建立了数据新闻团队的人占比 32%。对于中国媒体来说，虽然出色的数据新闻团队已经涌现，但建立数据新闻团队仍不是普遍现象。

3.3.3　数据可视化形式

英国媒体擅长在数据深度挖掘的基础上，以静态信息图表、动态的数据新闻视频、带交互功能的小游戏、具有数据查询功能的数据库等多种形式呈现数据。英国媒体目前的数据可视化形式可分为：日常的、快速的、总体视觉化的形式简单的数据新闻；可扩展的、深入研究的、调查形式的数据新闻；轻量化的、可编辑的、娱乐的、幽默的、游戏形式的数据新闻。

中国数据新闻制作受到数据来源和制作水平的限制，对数据的开发还较为初级，基于事实分享的、描述性的、静态的信息图表的形式较多，如简单的总量统计、百分比计算等。

3.3.4　数据新闻呈现平台

随着智能手机的普及，移动端成为新闻获取的重要渠道，数据新闻在移动端的分发也越来越受到重视。英国数据新闻重要媒体之一——BBC，其可视化和数据新闻（visual & data journalism）的部门负责人 Amanda Farnsworth 在 2018 年访谈中提到，BBC 的数据新闻标准变得更加移动化和社交化（mobile and social）。

在中国，由于移动端网民数量远多于电脑端网民数量，移动端的数据新闻的交互设计也越来越受到重视。

3.3.5　数据源的获取

数据是数据新闻生产的原材料，有了高质量的数据，才能生产出高质量的数据新闻报道。目前中国和英国获得数据的方式包括以下四种：

（1）公开采集个人数据，即媒体通过问卷调查、众包、网页抓取、传感器等手段获得个人数据。BBC 在 2015 年做的数据新闻 *NHS's Winter*（NHS 为英国国家医疗服务体系的英文缩写），利用 BBC 网站和 Facebook、Twitter 等社交网站向网民搜集医疗就诊的数据，并通过对这些数据深入分析，揭示在流感容易暴发的冬季的 NHS 的运作状况。中国的澎湃新闻在汶川地震十周年之际推出的数据新闻《我的汶川记忆》，采集了 2 355 位网友关于汶川地震的记忆文本并以不同颜色进行情绪分类（如恐惧、担心、痛心、绝望等）。地图上每一个小点代表一位参与留言的网友，点击不同颜色的小点就可以看到不同网友对于汶川地震的回忆文本。

（2）申请获取开放数据，即媒体通过向政府或其他机构申请相关公开数据。英国信息开放程度较高，媒体可以通过在政府或相关机构网站查询等方式获得数据新闻制作需要的数据。如英国于 2005 年实施的《信息自由法》，于 2010 年上线的英国政府开放数据门户网站（data.gov.uk）。2007 年，中国通过了《中华人民共和国政府信息公开条例》，规定了政府信息公开的范围和方式以及申请公开的程序和监督方式。

（3）合作获得个人数据，即媒体通过与企业合作的方式获得个人数据。如英国《卫报》对 2011 年伦敦大骚乱的数据新闻报道《解读骚乱》（*Reading the Riots*），其 260 多万条社交媒体数据均来自 Twitter。又如中国中央电视台推出的《"据"说春运》，我国春节人口迁徙数据来自百度地图 LBS 定位数据。

（4）自建数据库，即媒体通过技术手段建立自己的数据库。如英国《卫报》将历年新闻报道收入媒体数据库，并向全球免费开放。在中国，《南方都市报》成立了南都大数据研究院，第一财经媒体集团建立了第一财经商业数据中心 CBN Data。

3.3.6 盈利模式

英国对于数据新闻盈利模式的探索主要集中于对数据的二次开发，如英国《卫报》向第三方开发者授权，合作的第三方可通过 API 免费获得数据库内容，并在自己的平台上应用，但必须在所用内容上链接《卫报》的广告。再如《经济学人》通过建立智库的方式提供数据分析服务。

通过对中国财新网、澎湃网、新华网、DT 财经等具有一定代表性的数据新闻团队从业者的访谈发现，我国媒体的数据新闻部门商业变现的压力较小，更像是为其附属的传统媒体吸引流量的角色，其商业模式依然在探索之中。而一些独立运营的数据新闻制作团队则通过研发产品，或承接数据新闻外包和可视化商业项目以实现盈利。

3.4　本章小结

本章通过阐述数据新闻的兴起背景以及国内外数据新闻发展的现状，对比了中外数据新闻发展情况的不同。可以看出，数据新闻从新生到成熟的过程，是数据新闻实践从国家级媒体扩展到地方媒体的过程，是数据新闻生产者团队逐渐发展壮大的过程。当数据新闻生态趋于完善，业界发展趋于成熟，数据新闻也逐渐回归到对新闻本真的关注中。当数据可视化不再是首要追求，数据新闻的发展反而蕴藏着更多创新的可能。

第4章　我国数据新闻的提升路径
    及案例

4.1　我国数据新闻的提升路径

与国外数据新闻发展相比，中国在数据新闻的实践方面确实存在不足之处。但是，不可否认，我国数据新闻在近年的实践中依然可以用"快速""高效"来概括，无论是传统媒体还是网络媒体都在数据新闻的探索中吸引了大量新用户，推进了自身转型与变革。主流媒体的重视、互联网巨头的加入，也提升了我国数据新闻的层次。从某种意义上说，数据新闻改变的不仅是国内新闻报道形式，也驱动了当代媒体的生产转型。

中国的数据新闻发展面临的问题，既有英国及其他国家数据新闻发展中存在的普遍性，也有不同政治体制和经济发展差异的特殊性。通过对中英数据新闻发展情况的比较，接下来笔者将从以下六个方面提出我国数据新闻的发展对策：

4.1.1　加强团队建设

英国的数据新闻制作团队人员充足，分工细致，团队成员之间有相对成熟的合作模式。中国的数据新闻团队虽然拥有良好的新闻价值判断和完整的传播渠道，但大多不具备对数据深度开发的能力，且面临人手不足、专业知识缺乏、分工相对模糊的问题。

中国的媒体机构可以与提供数据挖掘、数据清洗、数据可视化服务的第三方团队进行合作，降低数据新闻生产成本，丰富数据可视化的形式。同时，中国的新闻主管部门可以通过开展数据新闻比赛和设置相关奖项，提升数据新闻的影响力，激励媒体机构建立数据新闻团队。

4.1.2　丰富呈现形式

相对于英国丰富的数据新闻可视化形式，中国的数据新闻可视化形式略显单一，更多运用针对"小数据"的信息图表，且存在描述性分析过多等问题。随着媒介融合的加速发展，不少视频形式特别是短视频形式的数据新闻被推出，并取得较好的传播效果。短视频符合移动端碎片化传播的特点，信息量密集的短视频也许可以成为下一个数据新闻发展的方向。

4.1.3 拓展呈现平台

不管是中国还是英国的数据新闻实践，都出现了逐渐由传统电脑端向移动端转移的趋势。但移动端和电脑端在屏幕大小、内容体量、使用时间、设备接口方面都有明显的差异，一些适合电脑端呈现的数据新闻作品不一定能在移动端取得良好的呈现效果。针对不同的载体特点和用户阅读习惯，同一条数据新闻可以进行分层定制，不同的终端以不同的方式呈现，以满足不同终端受众的需求。

4.1.4 拓宽数据来源

英国有较为完善的法律政策配套体系和一站式的数据开放平台，而中国仍处于数据开放的初级阶段。针对我国数据开放程度低且数据获取困难的情况，一方面要积极提高数据开放水平，让数据焕发出新的价值；另一方面要减少对现有数据的依赖，拓宽数据来源。

我国的数据新闻团队可以通过使用数字化技术，提升数据新闻生产的专业性和自主性，将数据采集控制权转移到记者手中。从英国的实践经验来看，无人机、传感器都可以作为数据采集的手段，以减少对现成数据集的依赖。

同时，数据新闻团队可以立足我国五千多年的悠久历史，积极拓宽数据来源，对时效性较弱的内容进行深度开发和更新盘活。如新华网与浙江大学可视化小组研究团队合作的数据新闻作品——《宋词缱绻，何处画人间》，该团队以比较容易搜集整理的历史文献为数据挖掘对象，制作出贴近受众生活的数据新闻作品，具有较强的趣味性和可读性。

4.1.5 提供定制服务

我国大众还是习惯于免费阅读数据新闻，通过付费阅读实现盈利的模式还不太现实。数据新闻有一定技术门槛，不论是自媒体还是媒体机构，都可以开展对政府部门和企业客户的内容定制化服务。以四川在线"MORE 大数据工作室"为例，该机构以数据可视化为切入点，为客户提供场景化的数据新闻服务、数据榜单服务、数据报告服务，成立一年以来生产发布作品 50 余件，获得良好的经济收益。

4.1.6 补齐人才短板

英国的数据新闻教育活跃主体更多，覆盖面更广。近年来，虽然我国的众多高校对数据新闻教育进行了许多有益的探索，但在全球范围内发展依然比较滞后。结合我国的新闻实践，笔者认为不必拘泥于高校现有的人才培养模式，可以将具有丰富实践经验的知名数据新闻记者作为授课教师引入高校课堂，加强业界和学界的联动。同时，线下的工作坊、研讨会和线上的慕课（MOOC）都可以作为重要的补充方式，以补齐数据新闻师资不足的短板。

4.2　我国的数据新闻可视化设计——以垃圾分类为例

我国在数据新闻的发展过程中，涌现出了相当多的优秀案例。本小节将以 2019 年的热门话题——垃圾分类为例，探讨数据新闻这一新的新闻范式在本地化的过程中，我国媒体如何做出反应，以及如何实现复杂新闻信息的可视化。

2019 年 7 月 1 日，《上海市生活垃圾管理条例》在上海正式实施，生活垃圾按照可回收物、有害垃圾、湿垃圾、干垃圾四种标准进行分类。但垃圾种类之多，分类规则之复杂，给普通民众理解和进行垃圾分类造成了一定困扰。如何用简单易懂的形式为受众展示复杂多样的垃圾类型，以达到帮助受众进行垃圾分类的目的，成为垃圾分类信息可视化设计中面临的首要问题。本小节筛选了来自政府部门和媒体机构的三件数据可视化作品（可视化形式包括信息图表和 H5 等），比较不同的信息可视化形式如何影响读者的认知效率。

4.2.1 垃圾分类选题的信息可视化作品分析

就媒体的作品而言，不管是澎湃新闻还是腾讯新闻，均采用 H5 的形式。H5 形式的信息可视化作品都有较强的计算机技术做支撑，且具备一定的创意和较强的视觉冲击。澎湃新闻《垃圾分类可视化查询手册》根据每件物品的不同特质，如外形、材质、用途等属性，将 2 055 件物品的垃圾分类信息细分为 47 个查询组，如"瓶""包装""金属"等。每件物品所属的垃圾类别对应不同的颜色，如可回收垃圾对应蓝色。每个查询组则对应一个大的色块，用户通过点击每一个大色块，可以详细了解每个查询组中不同垃圾类型的占比。以玻璃查询组为例，玻璃摆件属于可回收垃圾，玻璃药瓶属于有害垃圾，玻璃胶属于干垃圾，门窗玻璃属于非生活垃圾。腾讯新闻的"垃圾分类大挑战"则用一个问答式的 H5 小游戏，通过设置垃圾分类一系列的测试题目，让用户模拟垃圾分类的过程。悬浮于页面中的垃圾出现之后，用户需要将垃圾投入下方不同类别的垃圾桶，如果分类正确即进入下一题，分类错误就浮现正确答案。连续答完十道题之后，用户可以查看最终成绩并进入分享页面。

政府部门的数据可视化作品则体现出较强的实用性。上海市绿化和市容管理局的《上海市生活垃圾分类投放指南》是官方较早发布的图表，其中以信息图表的形式罗列了多种生活垃圾。但因为垃圾的种类众多，小小一张信息图表很难完全囊括，所以这张图表中主要展示的是常见生活垃圾的分类。

4.2.2　数据筛选：从数据到信息

以用户为中心的设计（user-centered design，UCD）中，用户的需求是第一位的。数据是信息可视化设计的材料，设计者要提取对于用户最有价值的数据组合为信息，才能提高用户的认知效率。在垃圾分类的选题中，由于垃圾种类比较繁杂，用户最需要了解的是常见垃圾的具体分类，因而需要具有明确的问题导向的设计。澎湃新闻的《垃圾分类可视化查询手册》筛选出源于上海市垃圾分类查询平台上的 2 055 件物品的垃圾分类数据，上海市绿化和市容管理局发布的《上海市生活垃圾分类投放指南》展示了 98 种常见的生活垃圾分类。可见，在信息可视化的第一阶段，设计者首先做了数据的筛选，提取了对用户而言最有价值的信息。

4.2.3　设计形式：创造视觉美感

一个充满想象力的、令人振奋的、以极富吸引力形式出现的可视化设计，会让读者保持较高的专注度，而带来高效的认知效率。美妙的视觉美学与优秀的图形设计，让读者在获取信息时处于一种低压力的状态。因而，视觉美是可视化设计非常重要的一个因素，特别是在信息爆炸的当下，吸引读者的注意力也十分重要。

4.2.3.1 色彩

色彩是信息可视化设计中重要的因素之一，色彩不仅起着美化画面的作用，还能传递不同的色彩语言。澎湃新闻的作品《垃圾分类可视化查询手册》中，干垃圾、湿垃圾、可回收垃圾、有害垃圾和非生活垃圾五种垃圾类型被赋予了五种不同的色彩。由于每一个查询组（如包装、杯、笔）对应一个大色块，在对每一具体的物品种类进行查询时，可以通过大色块中不同颜色的占比判断不同垃圾类型的占比。大色块面积越大，颜色越丰富，表明该查询组中垃圾种类和垃圾类型越多。在信息量较大的时候，色彩成为进行垃圾类型区分的很好的标识，也是信息可视化作品视觉美感的重要组成部分。

4.2.3.2 图案

扁平化和拟物化作为可视化设计的两种方法，各有优势。扁平化设计抽象、极简、符号化，尽量将多余的装饰效果去掉，如纹理、渐变、透视等，让信息本身作为核心内容凸显出来，便于识别和记忆，特别适合屏幕有限的移动端。而拟物化的图形展示在手机上，受限于屏幕大小，细节可能无法完全展示，还有可能影响加载速度。腾讯新闻的"垃圾分类大挑战"H5小游戏采用扁平化的设计，游戏界面简洁大方，垃圾桶设计卡通化，具有一定趣味性的视觉美感。

4.2.4 交互方式：立足移动端的特点

电脑端和移动端的交互设计有着根本区别，电脑端的交互主要利用鼠标的悬停和点击进行，而移动端更多的是利用滑动展现信息之间的逻辑，支持倾斜或更为随意的物理摇晃。

4.2.4.1 充分利用移动设备的功能

能够感知倾斜和移动的陀螺仪、定位功能、内置摄像头和麦克风都是移动端进行交互设计的优势，但本书列举的三个信息可视化设计案例并没有充分利用移动设备的这些功能。相较而言，一些第三方平台（如支付宝 App）有着众多的企业和个人开发的垃圾分类可视化小程序，在开发中充分利用了移动设备的各种功能，并体现出强烈的以用户为中心的设计思维。

如依附于支付宝平台的"垃圾分类指南"小程序，除了采用搜索框输入垃圾名称和点击垃圾类别名称进行分类查询外，还支持 AR 识别、拍照识别、语音搜索等功能，对用户而言非常便利。将拍照、定位等移动设备功能和信息可视化设计需求结合起来，更有可能创造出适合移动端的交互设计。

4.2.4.2 增强移动端设计的趣味性

澎湃新闻的《垃圾分类可视化查询手册》的开篇，堆砌着不同种类的垃圾，如小龙虾、玻璃瓶、电池等，用户可以通过用手指向上拖拽的方式，将垃圾"扔"出去。腾讯新闻的"垃圾分类大挑战"H5 小游戏中，用户需要用手指拖拽垃圾到页面下部的四个垃圾桶进行垃圾分类。和电脑端相比，这种用手指进行的交互设计更能提供游戏的真实感，给用户带来一种模仿现实中扔垃圾很爽的心理感受。这样有趣味性的交互设计能够给用户带来新鲜感，吸引用户停留更长时间。

4.2.4.3　迎合移动端用户的阅读习惯

移动端的读者更习惯于在同一屏内完成阅读，因此在设计的时候可以将信息图表切割为移动端屏幕大小的一组组小信息图后，制作成图形交换格式（graphics interchange format，GIF）的小动图来实现一屏内的多帧切换。信息量较大的时候也可以采用 H5 交互的形式，通过读者的手指滑动控制翻页，使读者享有逻辑性较强的阅读体验。上海市绿化和市容管理局发布的《上海市生活垃圾分类投放指南》是信息图表的形式，在移动端进行信息查询时，读者需要用手指在移动端进行图片的放大和缩小才能获取全部信息。这种交互设计往往会造成用户阅读的不连贯性，导致读者在放大、缩小中忘记之前阅读过的内容，甚至出现忘记图例等问题，如果改为 GIF 小动图进行多帧切换或者 H5 的形式进行交互，可能更符合移动端用户的阅读习惯。

4.3　本章小结

在我国，数据新闻虽然发展时间不长，但我国许多媒体已经积累了丰富的实践经验。随着我国数据新闻生态日趋成熟，我国与英国等数据新闻发展较为成熟的国家的差距正在不断缩小。也许我国未来的数据新闻传播格局会如同澎湃新闻数据新闻主编吕妍在 2019 数据创作者大会上畅想的那样：量化研究和数据分析机构、垂类媒体可以贡献专业分析能力；可视化制作机构可以推动可视化创新；数据和工具供应商可以弥补公共数据的不足，并对公开数据进行深加工；媒体机构应该承担把关人的角色，结合自己的整合传播能力，把重要议题推给大众。

第5章 业界：我国数据新闻的现状与特点

5.1 我国数据新闻的生产主体

与西方数据新闻业界实践相似，我国数据新闻的生产主体大致可以分为综合性门户网站的互联网媒体、以传统杂志为依托的新媒体平台、传统纸媒和电视媒体、非营利性的独立网站和致力于为国内数据新闻工作者提供学习和交流机会的数据服务商等，这些数据新闻生产主体均以新媒体平台为主要依托。

5.1.1 传统媒体

虽然受到新媒体冲击，但是传统媒体（包括纸媒和电视）仍然在数据新闻领域发挥着重要作用。传统纸媒，如《钱江晚报》《京华时报》《新京报》均开辟了信息图表专版，分别为"图视绘""京华图解""新图纸"。数据新闻在电视媒体的实践以中央电视台为代表。2014 年，央视在春运期间联合百度推出了"据说春运"系列报道，在社会上引起较大反响。

5.1.2　以传统纸媒为依托的新媒体平台

当前，我国传统纸媒机构在数字化时代积极转型，纷纷开设了自己的新媒体平台，利用自身的品牌优势和新媒体技术，推出数据新闻产品，延伸受众群体并拓展影响力。如"财新传媒"于2013 年在财新网上开辟的"数字说"版块、《南方周末》的新媒体数据新闻项目等。

5.1.3　综合性门户网站

综合性门户网站主要包括网易的"数读"、搜狐的"数字之道"等数据新闻频道。这些网站拥有庞大的受众基础和数据资源，是中国互联网上较大的门户网站，能够通过其平台传播和呈现数据新闻内容。这些网站也是较早涉足数据新闻领域的媒体，在数据新闻生产中发挥着重要作用。

5.1.4 非营利性独立网站

中国也有一些非营利性独立网站致力于数据新闻的生产和传播。例如，数据新闻中文网是由国内爱好数据新闻并且受过相关专业教育人士发起建立，以推动国内数据开放进程和媒体改革创新为宗旨，为国内新闻从业者、新闻传播教育者以及对数据新闻感兴趣的设计师、程序员提供了线上线下交流的平台与机会的国内首个专业数据新闻网站。依托于高校师生的数据新闻网站和自媒体账号也是我国数据新闻生产主体的重要组成部分，如中国人民大学的微信公众号"RUC 新闻坊"。

5.2 我国数据新闻的数据来源

数据新闻是"数据驱动的报道"，开放的数据作为数据新闻的基本要素，为新闻报道提供了多种信息源和素材。随着互联网技术的发展和人们获取信息方式的改变，近年来世界各国都兴起了开放数据的运动。"开放数据"（open data）指的是不受著作权、专利权以及其他任何限制，开放给社会公众自由查询和使用的数据。《中华人民共和国政府信息公开条例》自 2008 年 5 月 1 日施行以来，对公民、团体依法获取政府信息作出了保障，促进了我国新闻界数据新闻的发展，极大地提高了我国数据开放程度。

我国数据新闻的数据来源主要包括政府公开数据、企业数据、研究机构数据和民间数据等。中国政府逐渐加大了数据开放的力度，推动政府数据向社会公开，促进数据资源的共享与利用。以下是一些我国数据新闻的数据来源。

5.2.1　政府公开数据

中国政府部门不断推进政务公开和信息公开，逐步建立起了丰富的政府公开数据资源库，包括经济、社会、环境、科技等领域的各类数据。国家统计局、科学技术部等发布的大量统计数据和调研报告，为数据新闻的生产提供了重要的基础数据来源。

5.2.2　企业数据

随着大数据和互联网的发展，中国的互联网企业、金融机构、电商平台等都积累了庞大的数据资源，这些数据包括了消费行为、交易记录、用户偏好等信息，为数据新闻的制作提供了丰富的案例和素材。中国的互联网巨头企业如百度、阿里巴巴、腾讯拥有庞大的用户数量，每日会产生难以估量的用户数据，这些数据对于数据新闻而言是非常有价值的新闻生产原材料。

5.2.3　研究机构数据

研究机构数据包括高校、科研院所、智库等机构发布的学术研究成果和数据报告，这些数据源通常具有较高的权威性和可信度，为数据新闻提供了学术支持和专业分析，具有较高的参考价值。但出于保密的需要，这些数据可能无法对外公开，也可能面临数据格式不统一的问题。

5.2.4　民间数据

一些民间组织和个人也致力于数据采集和整理，例如国内的社会调查机构、数据爱好者等，他们的数据采集工作涵盖了社会各个领域，为数据新闻带来了更多元的视角和内容。

总的来说，中国的数据来源日益丰富，政府、企业、研究机构和民间各方的数据开放程度也在不断提高，为数据新闻的生产提供了广阔的空间和丰富的资源基础。

5.3　我国数据新闻的数据挖掘程度

数据驱动新闻是基于数据挖掘与分析思维的新闻报道，也是数据驱动型的调查性报道或深度报道。2010 年 8 月，首届"国际数据新闻"圆桌会议在荷兰阿姆斯特丹举行,会议对数据新闻的概念做出了如下界定:"'数据新闻'是一种工作流程,包括通过反复抓取、筛选和重组来深度挖掘数据,聚焦专门信息以过滤数据,可视化地呈现数据并合成新闻故事三个基本步骤。"与计算机辅助新闻、数据库新闻相比,数据新闻已经从根本上改变了新闻生产的思路与流程。其中,数据挖掘和分析是数据新闻生产的重要环节。我国数据挖掘程度具有以下特点。

5.3.1 技术实力不断提升,提供技术支持

许多高校、研究机构和企业在算法研究、模型开发和优化方面获得了较大突破。中国的科技公司也在自然语言处理、图像识别、推荐系统等领域取得了重要突破,为新闻领域的数据挖掘和应用提供了强大的技术支持。其中,高校、研究机构和企业之间建立了紧密的合作关系,进一步提升了数据挖掘的程度。

5.3.2 应用场景非常广泛,辅助新闻生产

在商业领域,数据挖掘被应用于市场营销、用户行为分析、风险管理等。在社会领域,数据挖掘被用于舆情分析、疾病预测、交通管理等。在科学研究领域,数据挖掘帮助科研人员发现新的规律和关联。而这些领域对于数据的深度挖掘又反过来促进了知识的普及,为媒体的数据新闻提供了重要的加工后的"原材料"。

5.3.3 积累大量数据资源，挖掘潜在信息

我国人口众多，依托庞大的人口基数和快速发展的数字经济，政府、企业和研究机构持有大量的数据，包括社交媒体数据、电子商务数据、金融数据等。这些数据为数据挖掘提供了丰富的新闻素材和基础，有助于深入挖掘潜在的新闻信息。

5.3.4 加强数据隐私保护，完善法律法规

近年来，数据隐私日渐引起重视。我国政府出台了法律法规，明确了个人数据的合法搜集、存储和使用要求，以保障公民的隐私权益。同时，我国也不断加强数据安全监管和风险评估，促进新闻数据挖掘的合规性和可持续发展。在数据挖掘的同时，亦要注意保障公民的基本权利，促进数据挖掘的良性发展。

5.3.5 积极开展国际合作，推动数据共享

在国外新闻界实践探索的影响下，国内媒体转变思维模式，逐步提高数据库开放程度和交互性，分享媒体数据资源与可视化工具，以实现媒体间互利共赢。同时，中国的科技公司、高等院校与国际机构及企业展开合作，共同推动数据挖掘技术的创新和应用。

5.4　我国数据新闻的数据可视化形式

数据可视化（data visualization）或信息可视化（information visualization）是人类视觉传播实践的一种当代形式，其字面意思是"对数据（信息）的视觉化呈现"，但暗含着"以某种视觉形式对信息加以抽象化处理、分类和重新界定"的认识论意义。信息可视化的实质在于将信息以图像、文字、声音、动画等形式变为能被人们感官快速识别和理解的信息。优秀的信息可视化设计往往在提高信息传递效率的同时，营造出恰当的视觉美感，使丰富的信息和视觉的美感相互契合。在大数据时代，信息呈现出爆炸式增长趋势，信息可视化设计日渐成为一种获取信息的重要方式，在一定程度上帮助我们将复杂的信息条理化、概括化、视觉化，找到信息获取的实用方法，在未来的信息之战中站稳脚跟。

人的大脑皮层中，40%是视觉反应区，人类的神经对于图像化的信息最敏感。人的创造力取决于逻辑思维和形象思维。数据可视化能够帮助人们在逻辑思维的基础上进一步激发空间想象能力。数据可视化在新闻传播学上的应用就是数据新闻。

从用文字讲故事到用数据讲故事，数据新闻改变了传统新闻内容生产和叙事模式，通过对数据的结构化、知识化处理，探索有意义的数据联系，将孤立的"新闻事件"扩展为"情景报道"，丰富新闻内容生产，增强报道说服力。数据挖掘和数据可视化是紧密相连的，可视化的数据是数据新闻的重要特征。黄志敏认为："数据新闻生产应把握好数据与设计的充分性和必要性。"

在运用可视化手段进行新闻报道时，应合理利用技术手段找到数据背后真正有价值的信息。数据可视化是数据新闻的主要呈现方式，在实际新闻报道中，需要根据不同的新闻事件和议题来选择恰当的呈现方式。我国数据新闻报道的可视化形式呈现如下特点。

5.4.1 多样化的可视化形式

我国媒体制作的数据新闻采用了多种多样的可视化形式，包括但不限于折线图、柱状图、饼图、地图、雷达图、热力图等。这些可视化形式能够直观、生动地展示数据，使受众更容易理解和分析复杂的数据信息。

5.4.2 兼具交互性和动态性

随着技术的发展，我国数据新闻越来越注重交互性和动态性。通过添加交互元素和动画效果，受众可以自由地探索数据并与其进行互动，增强了用户体验。一些新的互动形式，如交互图表、基于地理信息的互动方式等都被应用到我国数据新闻制作之中。如财新数据可视化实验室制作的数据新闻作品《移民去远方》，就是基于地理信息的优秀数据新闻作品。在 3D 的地球模型上，用户可以用鼠标选择不同的国家，查看移民的数量和人口流动的方向。在交互界面中，用户可以左右移动，实时性地操纵整个地球模型，非常新颖有趣。

5.4.3　多媒体融合加以展示

我国数据新闻在可视化形式上也借鉴了多媒体的手段，例如将图表、图像、视频、音频等多种形式结合起来，以更加全面地展示数据背后的故事。这种多媒体融合的方式可以增强数据新闻的吸引力和影响力。新媒体时代，用户对于信息的需求越来越大，接受方式越来越广泛。在数据可视化的过程中，媒体对于多媒体手段的应用越来越多，并注意融合使用各种手段，达到"1+1>2"的效果。

5.4.4　响应式设计增强效果

为了适应不同终端设备的屏幕尺寸和分辨率，我国媒体的数据新闻大多采用了响应式设计。这意味着数据可视化将根据用户所使用的设备自动调整布局和大小，确保在不同设备上都能够得到良好的展示效果。根据中国互联网络信息中心（CNNIC）的调查数据，我国移动端网络用户数量远远超过桌面端的用户数量。在数据可视化的实际操作层面，同一个数据新闻作品在移动端和桌面端的最终可视化呈现效果很可能不一样，甚至会出现格式错乱的问题。我国媒体在数据可视化的设计中，兼顾不同终端的显示效果，或有所取舍，更加重视在移动端的呈现效果。而一个优秀的移动端信息可视化设计，应当在传达信息的同时，筛选有价值的数据，以具有美感的视觉表达，结合移动端的特点进行交互设计。用户接受的不再是杂乱的信息，而是友好且内容丰富的信息。

5.4.5 深度挖掘但注重时效

我国数据新闻注重信息的深度挖掘和实时呈现，在可视化形式上展示大量的数据细节和趋势并及时更新数据内容，因此数据新闻能够提供更加准确、全面和及时的信息，满足受众对于深入了解和追踪特定主题的需求。

5.5 我国数据新闻的生产模式

当前，我国的数据新闻有不同的生产主体，因为数据新闻对内外资源整合与协作方式有所不同，因此也有不同的数据新闻生产模式。

5.5.1 自给自足模式

什么是自给自足模式？自给自足模式在中国媒体中有哪些案例？自给自足模式有何优势？本小节我们将进一步分析以上问题。

自给自足模式是指媒体机构内部形成的数据新闻生产模式。传统媒体建立专门的数据新闻团队，拥有自己的数据分析师、可视化设计师等专业人员，通过内部协作和数据挖掘技术，或者引进相关人才、鼓励员工进修等方式获得相关技能，最终进行数据新闻报道。

例如，《新京报》是国内早期以数据可视化方式呈现新闻报道的媒体之一，在总编辑中心下设数据新闻报道团队。该团队于2013 年 7 月推出"图个明白"专栏，于 2018 年与"有理数"栏目整合成《新京报》"数据新闻"栏目。"图个明白"偏重以即时性社会类新闻热点为导向，以静态信息长图为主要形式，通过总结、梳理、盘点等方式整合并展示新闻信息，对某一新闻事件或新闻人物进行全景式解读。"有理数"则以数据深度分析为导向，以现象级话题为切入点，通过多方数据的统计、对比、展示，描绘现象的分布并探索现象背后的深层次原因。除了《新京报》外，财新传媒、澎湃新闻也采用这种模式。自给自足模式也是我国媒体中最为常见的数据新闻生产模式。

自给自足模式可以方便数据新闻从业者对整个生产流程进行管控，及时处理新闻采编中出现的问题。另外，这种模式属于媒体内部的"媒介融合"，可以打破部门间的"壁垒"。

5.5.2　外包模式

什么是外包模式？外包模式在中国媒体中有哪些案例？外包模式有何优势？本小节我们将进一步分析以上问题。

外包模式是指媒体机构将数据新闻的生产委托给外部机构或个人完成的模式。媒体机构可能会与数据分析公司、咨询机构等合作，将数据搜集、分析和可视化等工作外包出去，从而降低成本并提高效率。外包模式主要应用于一些复杂的、仅仅凭借媒体自身资源很难完成的数据新闻项目。

2018 年 12 月 27 日，在成都举行的第六届中国新兴媒体产业融合发展大会上，新华社新媒体中心携手企业搭建大数据协作平台，18 家大数据头部企业成为首批入驻企业。新华社同腾讯、蚂蚁集团等大数据头部企业共同建设集数据分析计算模型、选题辅助、数据可视化、数据新闻智能分发等功能于一体的智能大数据协作平台，共同推进以智能化数据新闻为代表的"智能编辑部"的建设；打造大数据交流平台、开放式交流数据库，以大数据助力数据新闻生产、分发与传播，以此大幅提高新媒体产品的传播力、引导力、影响力、公信力。类似的案例还包括中央电视台

2015 年推出的《数说命运共同体》，其数据可视化团队由专业计算机公司搭建。这种传统媒体进行内容生产，并将数据搜集和数据挖掘等环节外包出去的模式，已经成为自给自足模式之外重要的补充方式。

在有资金支持的情况下，对于媒体从业者而言难度较大的或者不容易获取数据的环节，外包模式无疑可以快速解决问题，提高数据新闻的生产效率。

5.5.3　众包模式

什么是众包模式？众包模式在中国媒体中有哪些案例？众包模式有何优势？本小节我们将进一步分析以上问题。

众包模式是指将数据新闻的制作过程开放给公众参与的模式。媒体机构通过发布数据集、问题或任务吸引公众参与，例如通过众包调查、数据搜集等方式获取数据，并由媒体机构进行整理和制作。

2018 年 5 月，在汶川地震十年祭之际，澎湃新闻推出数据新闻产品《我的汶川记忆》。在这个以用户生成内容（UGC）为主的数据新闻作品中，澎湃新闻的数据生产团队搭建了产品框架并提供技术支持，普通用户则通过填写问卷、写故事的形式撰写自己的汶川地震记忆，并通过社交媒体进行发布和分享，最终形成一个关于汶川地震集体记忆的"数据库"。用户可以写下自己的故事，也可以观看和探索他人的故事。"写故事"和"看故事"被封装在一起，产品得以成为一个"容器"，容纳更多的内容。该数据新闻可以被视为一个典型的众包案例。

众包模式是"集中力量办大事"式的新闻生产模式，能够拓宽数据来源，提高数据新闻的生产效率。

5.5.4　黑客马拉松模式

什么是黑客马拉松模式？黑客马拉松模式在中国媒体中有哪些案例？黑客马拉松模式有何优势？本小节我们将进一步分析以上问题。

黑客马拉松模式是一种集中时间和资源，聚集开发者、设计师和数据分析师等专业人员进行数据新闻创作的模式。在黑客马拉松模式下，参与者组成团队，通常在一个较短的时间内，共同处理数据、分析数据并进行可视化处理，之后便制作出有关特定主题的数据新闻作品。

例如，2023 年，在中国举办的百度智能云千帆大模型平台黑客马拉松，该活动由百度智能云主办，以"生成未来，为我所用"为主题，鼓励开发者从提升自身工作效率和丰富娱乐生活体验出发，利用百度智能云千帆大模型平台构建创新应用，让生成式 AI 真正"为我所用"，解决实际问题。这些活动聚集了开发者、设计师和数据分析师等专业人员，他们在短时间内处理数据，并进行可视化处理，创作出关于特定主题的数据新闻作品。这种黑客马拉松模式也在中国推动了数据新闻领域的创新和合作。

黑客马拉松模式聚集了众多数据新闻生产的专业人员，可以在短时间内完成高水平的数据新闻的创作，从而极大地提高了数据新闻的生产效率。

5.6　本章小结

本章主要从我国数据新闻的生产主体、数据来源、数据挖掘程度、数据可视化形式、数据新闻的生产模式等方面分析了我国数据新闻的现状与特点。这些分析是针对数据新闻在我国业界的发展现状进行的总结，接下来我们将从我国学界中数据新闻的应用情况进一步探讨数据新闻的发展方向。

第6章 学界：我国的数据新闻教育

　　数据新闻的快速发展使得媒体对数据新闻人才的需求不断增加，催生出不同形式的数据新闻教育。目前，加入到数据新闻教育事业中来的主要是新闻行业组织、媒体机构、综合性学术机构、高等职业教育机构和其他个体或组织。在英国、美国等数据新闻发展较为领先的国家，数据新闻以不同形式融入新闻传播教育体系之中，并成为跨学科的新兴专业方向。由于数据新闻发展的不均衡性，这股数据新闻教育浪潮从英国、美国等发达国家向全球范围辐射，逐渐影响着发展中国家的教学课堂。

6.1 数据新闻教育的三类主体

6.1.1 先驱者：新闻行业组织和媒体机构

新闻行业组织和媒体机构是推动数据新闻教育的重要主体并发挥着主导作用。数据新闻本身倡导数据的开放和透明，媒体机构在数据新闻发展初期就有意识地进行新闻实践的分享。美国的调查记者与编辑协会（IRE）、英国的调查性新闻中心都推出了数据新闻课程和工作坊，积极推动数据新闻的普及。英国的调查性新闻中心通过在其官网上推出数据新闻课程和开设工作坊等形式进行数据新闻教育培训。BBC 成立了 Share Data Unit 项目，利用自身在数据新闻制作中的经验，对各大媒体的记者进行培训。

在中国数据新闻发展初期，财新传媒旗下的数据可视化实验室曾经在多所院校进行数据新闻讲座，介绍数据新闻的实践经验，成为数据新闻教育的重要推动力量。武汉大学镝次元数据新闻研究中心、北京数可视科技有限公司等机构通过讲座、工作坊、举办数据新闻比赛等形式推进数据新闻教育。

6.1.2 中坚力量：综合性学术机构

根据 2016 年的美国哥伦比亚大学与奈特基金会的报告《数据和计算新闻学的教学》，超过一半的美国新闻院校已经开设了数据新闻课程。美国的一些知名大学，如哥伦比亚大学、斯坦福大学、密苏里大学等早已面向本科生或研究生开设数据新闻相关课程。综合性学术机构的人才培养模式更系统化，且能综合多个学科优势，因此担负着向媒体机构输送相关人才的重任。英国卡迪夫大学等多所高校都开设了数据新闻专业或相关课程，覆盖了从本科到硕士研究生阶段。

我国多所综合性大学和部分大学的新闻传播学等相关学科也顺应这一趋势，陆续开设了数据新闻相关专业，如中国传媒大学于 2015 年开设了新闻学专业。

6.1.3 补充主体：高等职业教育机构和其他个体或组织

此处的高等职业教育机构是指部分国家的专门培养新闻专业人才的高等院校，比如德国的莱比锡传媒学院。这类机构以短期、集中式的授课为特点，注重实践性。其他个体或组织包括非政府组织和自媒体，如英国独立数据新闻记者 David McCandless 等。英国《卫报》的"数据博客"栏的主编 Simon Rogers、知名数据新闻记者 Paul Bradshaw、信息之美网站创办者 David McCandless 开设的个人博客和网站也成为数据新闻教育的重要阵地。其中不乏 Paul Bradshaw 这样既从事数据新闻相关实践，也在高校从事数据新闻教育的数据新闻记者。

近年来，我国与数据新闻相关的自媒体机构如雨后春笋般涌现，对大众起到了很好的启蒙作用。不少自媒体还推出了数据搜集、数据挖掘、数据清洗等教程，这对数据新闻记者和数据新闻爱好者而言是重要的学习渠道。

6.2 我国数据新闻教育基本情况

我国数据新闻教育的主体主要是高校和媒体机构，并呈现出以高校系统化的数据新闻课程为基础，媒体机构灵活多样的实践性项目为补充的趋势。

6.2.1 我国高校的数据新闻教育基本情况

我国教育界的数据新闻之风大约始于 2014 年。学者史安斌指出应建立"数据新闻学"。许向东、陈积银等学者则介绍了国外数据新闻的课程模式，向我国学界进行了数据新闻的普及。

在大数据发展趋势下，借助学者们的推动，众多高校做出了迅速反应。2013 年，河北大学新闻传播学院开设数据新闻课程。

2014年，中国传媒大学开设数据新闻报道实验班，次年招收数据新闻本科学生。新闻学（数据新闻）专业主要培养专门从事数据新闻报道、挖掘、分析的高级人才。2014年，复旦大学新闻学院在新媒体硕士专业课程中引入数据新闻课程。

之后，越来越多的高校开设了数据新闻相关专业或课程，为培养数据新闻人才提供了平台。清华大学、北京大学、南京大学等高等院校均开设有一门或多门数据新闻类课程。除此之外，一些高等院校的新闻传播、艺术设计、计算机科学等专业也涉及数据新闻的教学。

6.2.1.1 我国高校的数据新闻教育特点

在课程设置上，各高校将数据新闻相关课程纳入新闻传播学等专业的教学计划中。这些课程涵盖数据获取、数据分析、可视化呈现等内容，旨在培养学生的数据素养和数据新闻报道能力。例如指导学生如何获取各种类型的数据，包括公共数据、调查数据和社交媒体数据等；培养学生运用统计学和数据科学技术对数据进行分析和解读的能力，以发现数据中的趋势、关联；教会学生使用数据可视化工具和技术，将数据转化为有意义且易于理解的图表、图形和交互式界面；着重锻炼学生撰写数据新闻报道的能力，包括通过数据讲述故事的能力、撰写数据驱动新闻的能力等。

在授课方式上，因数据新闻的跨学科特性，各高校的解决方案大多是由多位不同专业背景的教师搭档共同承担教学任务，分别负责数据新闻理论、数据挖掘与分析、数据可视化呈现的讲授，使学生全面掌握数据新闻知识，提高学生的实践能力。

在实践教学上，各高校进行了多样化的探索，通过课程实践、实训室、工作坊、参加数据新闻大赛等方式强化课程作品设计，提升学生数据新闻报道的能力。例如，中国人民大学新闻学院运营的 RUC 新闻坊、西安交通大学创办的中国数据新闻大赛、复旦大学等高校与澎湃新闻合作进行数据新闻报道等。

在教材与教学资源的利用上，大数据时代下数据新闻教材的编写和分享更加符合当下市场需求。教学资源主要包括数据新闻案例分析、数据分析工具的使用指南、数据可视化技巧等，为高校师生提供了丰富的学习和教学参考资料。

在教学过程中，高校通常会结合理论教学和实践操作，通过具体案例和项目实践来培养学生的数据分析和新闻写作技能。同时，一些高校还会邀请行业专家和从业人员举办讲座，以提供更实际和专业的指导。

需要注意的是，数据新闻的教学在不同高校可能存在差异，具体的课程设置和教学方法可能会有所不同。但总体来说，不同高校通过培养学生的数据新闻分析和数据新闻写作技能，使得学生在数字化时代能够灵活运用数据来支持新闻报道，以提高信息传递的准确性和可视化效果。

6.2.1.2 我国高校的数据新闻教育对学生技能的培养

(1) 数据新闻分析技能的培养

培养学生的数据抓取、数据分析和数据可视化能力是数据新闻课程的重要教学目标。高校学生要不断适应融媒体时代的发展需要，掌握具有一定难度的数字内容生产与传播技术，具备制作完整数据新闻作品的能力。

为了培养学生的数据新闻分析技能，很多高校会引入编程语言（例如 python）来进行结构化和半结构化数据的获取、清洗和分析，这对学生的综合素质提出进一步要求。学生将学习如何使用编程语言来处理数据，并掌握统计分析、模型建立等技能，以便从大量数据中提取有价值的信息，支持新闻报道的内容和观点。

为提升数据新闻分析能力，高校学生需要从以下方面发力：首先，提升数据抓取能力。高校学生要学会通过选择合适的数据抓取工具获取第一手数据，对庞杂的"脏数据"进行清洗处理，用数字技术体现新闻的价值。其次，厘清数据分析的思路。通过抓取工具获得的数据往往非常粗糙，无法产生有价值的信息，只有经过分析和提炼的数据才会呈现一定的逻辑性和价值性。最后，提升数据可视化处理的能力。数据新闻的呈现形式更加多样化，高校学生主要依靠图形化手段来分析数据新闻。因此，高校学生应掌握可视化技能，利用 Processing、Weka 等软件进行图形、动画设计。

（2）数据新闻写作技能的培养

夯实学生新闻理论基础和新闻采写能力是数据新闻学习的基本目标。数据新闻课程的教学，不仅要求学生拥有新媒体内容生产策划能力，而且要求学生具有新闻采、写、编、评等传统业务素养，熟悉中外新闻事业发展史，做到学用贯通、知行统一。

高校学生要增加数据新闻理论知识的储备，掌握文、哲、史、经、法等社会科学基础知识；具备一定的新闻敏感性，善于发现与识别新闻素材，在采访实践中不断总结采写经验，增强新闻写作的可读性、感染力和影响力。同时，高校学生要具备将复杂数据转化为易于理解和吸引人的可视化内容的能力，以便将数据通过新闻报道的形式传播给读者。

6.2.2 我国高校之外的数据新闻教育基本情况

除了高校，一些媒体机构也参与到数据新闻教育中。黄志敏、戴玉等人多次组织过数据新闻的培训活动，吸引了众多新闻记者参与。此外，一些数据新闻领域的比赛也开始逐渐兴起，例如由中国数据新闻大赛组委会主办的中国数据新闻大赛等。

6.2.2.1 数据新闻可视化的商业运用：数可视

北京数可视科技有限公司（以下简称"数可视"）是一家以数据内容传播为核心的公司，最擅长的就是做数据可视化和数据新闻。黄志敏任数可视创始人、CEO，也是国内最早一批活跃于数据新闻教育中的媒体人之一。该公司成立于 2016 年，核心团队包括技术、设计、内容部门。

创始团队的人员拥有技术背景和媒体工作背景，对媒体需求和工作流程较为熟悉。其主要服务对象包括：第一类是媒体，如中央电视台、《人民日报》、新华社等媒体机构；第二类是大型互联网公司，如腾讯、阿里巴巴、百度、滴滴、美团、快手等；第三类是高校，包括中国人民大学、中国传媒大学、清华大学、北京大学、复旦大学、南京大学、浙江大学等。

此外，"中国数据内容大赛"（后更名"数据内容年度案例征集"）由数可视发起，与中国新闻史学会有深度合作。在国内外数据内容领域同类型的赛事中，中国数据内容大赛属于每年投稿作品、投稿人数最多的一个活动，每年都有数百件作品投稿。

6.2.2.2 发现数据化叙事的更多价值：戴玉数据圈

"戴玉数据圈"是资深数据新闻人戴玉创办的数据新闻群，里面汇聚了各类数据报告发布方、数据媒体主编和记者、高校数据新闻教师、可视化人员、数据行业人员等，旨在搭建切实推动数据新闻行业交流与合作的平台。

"戴玉数据圈"创造了较多有价值的数据新闻，旨在通过数据可视化的手段，提高信息的利用水平，深入挖掘数据叙事的价值，进一步推动数据的创意呈现。

6.2.2.3　数据搜集与分析的创新：今日头条媒体实验室

今日头条的数据全部来自今日头条后台对于用户阅读行为的捕捉以及对用户画像的分析。今日头条媒体实验室和今日头条算数中心均基于一手数据进行分析以及应用。

今日头条媒体实验室通过大数据技术组合用户特征、环境特征、文章特征等，已经能够产生百亿级别的特征值。这种方式通过海量特征值来判断用户需求，智能推荐匹配用户的资讯，找到细颗粒数据与现实垂直领域的联系。

今日头条媒体实验室将用户与推荐引擎的互动中产生的所有的分发数据作为媒体实验室的数据来源，对后台数据进行提取和分析，然后输出一些固定的创作维度，提供给内容创作者，并将其作为内容创作的依据。今日头条媒体实验室提供大数据分析、可视化的分析图表等功能，还包括一些未经报道的新闻线索。

6.2.3　传媒领域的研究与实践：中国数据新闻大赛

除了高校和高校外的数据新闻相关从业者投入数据新闻教育行业中，数据新闻赛事也为数据新闻教育提供了助力。中国数据新闻大赛由品牌创始人西安交通大学新闻与新媒体学院陈积银教授于 2015 年在兰州发起，旨在以赛促建、推动全国高校新闻专业教学改革，通过比赛打破学界与业界壁垒，为全国培养新媒体人才助力。中国数据新闻大赛自 2015 年举办以来已逐渐形成一项具有规模的全国性赛事。

中国数据新闻大赛自创办之初，先后邀请了哥伦比亚大学、纽约大学、密苏里大学、清华大学、北京大学、北京师范大学、中国人民大学、中国传媒大学、西安交通大学、上海大学等国内外著名的50多所高校，中央电视台、《人民日报》、《光明日报》、新华网、南方网等30余家新闻机构参赛参会。中国数据新闻大赛得到了中央电视台、《光明日报》、地方媒体平台等近百家媒体的报道，收到亚洲、欧洲、北美洲等海内外投票，品牌知名度、美誉度以及影响力持续上升。

中国数据新闻大赛坚持以高水准办会的原则，邀请国内外知名的新闻院校专家学者参会，并组织动员各大高校新闻学院学生和业界数据新闻精英参与大赛，鼓励新媒体领域的业界与学界顶尖专家学者参与。大赛不限定主题，作品内容涉及经济、环境、教育、时政、娱乐、文化等领域。

中国数据新闻大赛旨在激励青年一代追踪、掌握传播前沿信息，获得更多的知识，适应将来的数据时代，推动国内外数据新闻的交流发展，不断丰富传媒领域的研究与实践。

6.3　我国数据新闻教育中存在的问题

随着业界数据新闻实践的深入开展，高校对于数据新闻的教育也在逐步深入。根据2016年的问卷数据，我国高校中数据新闻的教师比较年轻，具有高学历和海外留学经历，一半左右的老师拥有跨学科背景。数据新闻进课堂主要以新闻业务类课程居多，独立的数据新闻课程较少。原本传统、单一的新闻学专业人才培养模式能否符合现阶段全媒体生态对新闻学毕业生的要求？高校培养的新闻专业毕业生能否满足大数据时代对新闻从业人员的要求？这些都是高校新闻教育在自我更新中需要重视的问题。

6.3.1　学科建设仍待完善，培养模式尚未成熟

虽然当前我国许多高校的新闻传播专业都开设了数据新闻课程，但不少学校的教学只停留在传统新闻采编流程，缺乏关于跨学科知识与大数据技术的教学，造成人才培养成果与新闻行业市场需求之间的不匹配。传统媒体一直在向数字化、全媒体转型，未来对人才的需求也应提升到新媒体技术层面。

当前，数据新闻的教育尚处于探索阶段，并未形成成熟的教育模式，课程体系也有待完善。国内还没有专门针对数据新闻的

系列教材。很多高校的新媒体教学也仅仅是在新闻学课程之外加入了计算机的课程，并没有真正将数据和新闻融合的课程。

6.3.2 师资队伍结构单一，实践教学方式受限

目前，我国多数新闻专业的教师对数据新闻的认知停留于理论层面，具有数据新闻从业资历的师资较少，且部分师资缺乏跨学科知识的储备，教师队伍结构较为单一的特点突出，这都成为制约数据新闻人才培养的因素。优秀的数据新闻作品多是由团队协作完成的，因而数据新闻的教学也是一项系统任务。

虽然部分院校已经单独开设了数据新闻课和数据实操课，却缺乏具备新闻素养的计算机科学领域教师进行授课，因而无法将课程教学的最大效用发挥出来，使得学生不能较好地掌握相关技能。

6.3.3 模拟实践较为普遍，课外实习流于形式

目前，我国对数据新闻的关注度较高，但是我国高校的数据新闻学教学仍旧以课堂传授的书本知识、模拟实践为主。许多高校无法为学生提供多样化的实践平台，只能依靠学生校外的短期实践。大多数的校外媒体实践时间短，且流于形式。学生的实习并未深入到整个新闻的生产流程。数据新闻从确定选题、操作、调查、发表往往需要很长的时间，学生无法从短期的实习中深入了解制作数据新闻的各个流程。

6.4 关于我国数据新闻教育发展的建议与对策

如何促进课程转型升级以实现数字人才培养目标是高校进行数据新闻教育改革的首要问题。我国要提升数据新闻人才的专业素养，培养兼具数据挖掘、数据处理、视觉美学等跨学科知识的复合型技术人才。

6.4.1 打破文理专业边界，跨专业培养人才

大数据时代的数据新闻，要求从业人员能够分析数据，能从纷繁的数据中发现隐含的故事，并用可视化的方式表达出来。很多高校在新闻学专业培养计划中加入了计算机编程以及可视化的课程，学生不仅需要学会传统的新闻采、写、编、评，还需要了解计算机编程语言。数据新闻专业的招生可以尝试打破传统新闻学以文史类为主的招生模式，学生入校后可以进行跨专业培养。

6.4.2 建立人才培养矩阵，优化教师队伍结构

高校可以通过实行合作化教学、组建教学团队、优化教学内容等方式建立独立的人才培养矩阵。同时，高校还可以优化教师队伍结构，积极与国内外业界专家合作。以清华大学、中山大学

为例的国内高等院校的数据新闻课程，也要求具有不同专业背景的教师相互配合，分别负责新闻理论、数据挖掘与分析、数据可视化等教学模块，这种交叉学科联合教学模式是数据新闻教育的创新形式。

6.4.3　校企合作实践教学，强化实践育人成效

任何一门学科建设都需要经过长期的探索与实践，数据新闻教育经历了从案例、理论教学到工具、方法和技能教学的路径。新媒体时代的复合型人才应掌握数据新闻报道、产品和用户分析、python 等编程软件的使用技能，应具备数据的使用、分析、辨别和再生产的能力以及数据化思维。

实践教学是数字新闻教育的关键，但是目前我国新闻教育的实践教育还流于形式。数据新闻专业涵盖了新闻学和计算机科学等多学科的专业知识，实践教学是数据新闻人才培养的要点。新闻业界、数据公司与高校可以开展密切合作，整合数据资源，创办专业教学实践基地，强化实践育人成效。

6.5 数据新闻课程实践——以某高校"数据新闻"微课为例

从 2020 年开始，笔者给学生们开设了一门 4 个课时的"数据新闻"微课，并依托于该微课陆续申报了相关的校级教育改革项目和开放实验项目。在这门微课当中，笔者带领学生以项目制的形式完成了数据新闻作品的创作。对这门微课进行总结，也许是我国普通高校的老师如何开展数据新闻的课程实践情况的小小缩影。

6.5.1 "数据新闻"微课内容

本课程设置的目标是：让学生掌握简单的数据处理技能；让学生进行简单的数据新闻制作；让学生了解或掌握一些编程语言；督促学生坚持从零开始练习。在课程中，笔者鼓励学生广泛涉猎，从统计学、设计学、计算机科学、新闻传播学中汲取灵感，找到感兴趣的数据新闻选题。

这门课中数据新闻的制作流程如下：

（1）分组，确定数据新闻选题。选题的筛选遵循以下四个原则：有一定的意义、有一定的可操作性、最好贴近生活、便于进行新闻改写。

（2）进行数据的搜集、整理。数据的搜集是一个需要很多时间的工作，但掌握丰富的数据搜集技巧会使数据搜集工作事半功倍。在数据的搜集过程中很容易遇到某一部分的数据缺失的情况，如某年数据无法找到，这个时候可以考虑用多个数据库进行交叉对比。在数据搜集前期，搜集的数据越多越好。

其中，数据的搜集可以分为自己搜集和其他组织提供两种方式。自己搜集包括搜索引擎、直接数据源（论文、新闻报道）、对已有数据库的组合、通过 python 等程序进行数据的抓取等。其他组织提供的数据包括政府机构数据、行业数据、国外机构数据、其他类型数据。

（3）数据分析并提出初步的可视化方案。数据可视化就是用标尺、颜色、位置等各种视觉要素的组合来表现数据。数据、图形和颜色如果是食材，经验丰富的主厨就知道如何准备和搭配食材，如何摆放食物。有了恰当的烹饪温度和时长，才能做出色香味俱佳的美味佳肴。在可视化过程中，要注意以下四个要素：视觉暗示（形状、颜色、大小），坐标系（如直角坐标、极坐标），标尺（如数字标尺、分类标尺、时间标尺），背景信息。

（4）用代码呈现或者用信息图表呈现最终作品。常用的数据可视化工具包括开箱即用的可视化工具（如 Echarts）、编程工具（如 python）、绘图软件（如 adobe illustrastor）、地图绘制工具等。

6.5.2 课程特色及创新点

本课程的开发充分利用了笔者所在的交通类院校的交通大数据资源，且立足于超星学习通、Echarts、Teamind 等智慧教学平台，通过课前学习资源的分发、课中展开案例学习、课后让学生进行点评，深度激发学生的学生兴趣和学习的主观能动性；采用智慧教学平台完成课堂的签到和学生学习质量的评估，对学生学习情况进行量化，有针对性地查漏补缺，提高学生的学习效率；鼓励学生提高动手能力，积极参加相关竞赛，在制作数据新闻的基础上，将其转化为有价值和有传播性的新闻作品。

笔者在充分发掘课程特色的基础上进行了以下创新：

（1）理念创新。充分利用各类交通大数据平台和政府公开数据，鼓励学生选取具备前沿性和时代性特点的新闻选题，在课程设计中将课堂知识和实践数据紧密结合。

（2）路径创新。充分利用智慧教学工具等信息化教学手段，培养学生数据挖掘、数据清洗和艺术设计等跨学科技能，紧跟业界实践，帮助学生完成具备探索性的数据新闻作品。

（3）方法创新。充分激发学生的学习积极性，通过小组协作的方式，促进学生知识、能力、素质的有机融合，培养学生从选题选取、数据挖掘、数据清洗到新闻可视化一系列综合能力。

6.5.3 课程具体实施方案

本课程使用混合式教学设计，基于智慧教学工具，将具体实践分为课前、课中、课后三个环节。

（1）课前：学习通+案例教学法

本环节首先充分利用智慧教学工具——学习通中的资料共享功能，课前将 MOOC 视频、数据新闻案例网址等最新的预习材料推送到学生手机端，让他们完成理论知识的学习；其次通过案例教学的方式，先进行国内外著名的数据新闻作品的推送，激发学生制作数据新闻的灵感；最后让学生模仿经典案例并进行个人和团队的成果展示。教师在这一环节中可以通过网络平台的统计数据掌握学生对于课前学习的情况，提前准备课堂教学内容和活动。

（2）课中：Echarts+情景教学法

本环节充分利用 Echarts 等数据新闻制作软件作为智慧教学工具，并配合采用情景教学法激发学生的学习兴趣。

课中首先分析课前预习的情况，通过小组展示和分组讨论等方法，引入课堂的任务。课程任务以小组项目制进行，将全班同学分为多个小组（2~3 人一个小组），组内成员充分模拟业界数据新闻团队分工，给学生创造出业界的实践情景，分别设置数据新闻编辑 1 名、视觉设计 1 名、技术支持 1 名。课程建设借鉴新闻业界实践，将选题、数据搜集、数据清洗、数据处理、可视化设计这一完整的数据新闻作品制作流程合理分配至课堂学习中。

（3）课后：Teamind+小组讨论法

本环节引入一款适合小组集体完成任务的 Teamind 在线编辑软件，以提高学生小组讨论的效率。在课后，做好课堂任务总结和拓展分析工作：一方面，教师要对课堂活动进行归纳和总结；另一方面，学生之间要进行互评。每一阶段的数据新闻作业完成后，要求学生以小组为单位，对数据新闻作品进行15~20分钟的设计思路讲解，由班上其他同学对此进行点评。其中，难度最大的是数据挖掘部分，各小组重点介绍数据挖掘的步骤和思路，并在讨论中发现存在的问题，修改和完善课程实施方案。

6.5.4 课程教学方式

本课程以小组研讨、案例讨论、学生讲评的方式激发学生的学习兴趣，充分依托学习通、Echarts 等智慧教学平台，提高学生的学习效率。

（1）小组研讨

本课程将全班同学分为多个小组（2~3 人一个小组），组内成员模拟业界数据新闻团队分工，分别设置数据新闻编辑 1 名、视觉设计 1 名、技术支持 1 名。课程建设将借鉴新闻业界实践，将选题、数据搜集、数据清洗、数据处理、可视化设计这一完整的数据新闻作品制作流程合理分配至 32 个课时的课堂学习中。

根据教学进度，每堂课都保证学生有足够的小组讨论时间，并要求学生使用 Echarts、镝数等数据新闻制作软件于课堂上完成与主题相对应的项目任务。本课程通过以练代讲的方式，将课堂时间更多地分配在练习而非理论的讲解上，培养学生解决问题的综合能力。

（2）案例讨论

数据新闻作为前沿性很强的交叉学科，目前面临着教材匮乏、信息更新快的情况。在课程学习中，对新闻业界数据新闻作品特别是国外的数据新闻作品的分析学习对学生的能力提高尤为重要。本课程将充分利用学习通这一智慧教学工具，将案例点评分为线上和线下两部分。线上将充分利用智慧教学工具中的资料共享功能，课前将 MOOC 视频、数据新闻案例网址等最新最前沿的案例推送到学生手机端，帮助学生提前进入学习状态。线下课堂则预留了部分时间针对难度较大的案例，采用实时问答、弹幕互动的方式，进行案例讨论。

（3）学生讲评

文科背景学生对于计算机编程技术、数据挖掘、信息图表设计等知识的学习普遍感到困难，且每个学生的知识储备和掌握的技能均不同。为激发学生创造力，提高教学效率，教师可以创造一个学生讲评的良好机制。每一阶段的数据新闻作业完成后，要求学生以小组为单位，对数据新闻作品进行 15~20 分钟的设计思路讲解，由班上其他同学对此进行点评，让思维在碰撞中绽放集体智慧的火花。如数据挖掘部分学习任务完成后，各小组重点介绍数据挖掘的步骤和思路，而其他同学则进行讨论和评价。

6.6 本章小结

本章分析了数据新闻教育的三大主体，总结了我国数据新闻教育的现状和困境，并对我国数据新闻教育的发展给予了建议与对策。同时，本章以笔者的亲身教学实践经历为案例，提出当前我国数据新闻教育中的微观层面的经验。

第7章 突发公共卫生事件中的数据 新闻研究

数据新闻从早期的数据图表整合到复杂数据的程序化呈现，从数据可视化动图到数据驱动的 AI 报道，深刻影响着全球新闻报道的信息呈现与叙事模式，也悄然改变了新闻行业的工作模式，拓展了跨学科新闻理念，重塑了智媒化新闻报道的实践空间。曾经在调查性新闻领域大放异彩的数据新闻，也逐渐进入重大突发公共卫生事件的直播报道与深度调查中。

7.1 突发公共卫生事件中我国主流媒体数据新闻的创新

新型冠状病毒感染疫情（以下简称新冠疫情）是全球极其关注的突发性公共卫生事件，我国主流媒体以及商业平台大量采用数据新闻的报道方式进行疫情的追踪报道。在新冠疫情这一特殊时期，数据新闻对突发公共卫生事件的变化趋势和发展过程进行了动态直观的展现，满足了公众对于真实的、即时的信息的需求；数据可视化形式丰富多元，能够将病例数据、人口流动、病毒扩散途径等疫情相关信息置于全新的叙事背景下，满足了公众对于个人防护的需求；数据新闻能够作为工具化的查询入口，成为大众了解疫情进展最直观的窗口，满足了政府对于公众参与疫情防控工作的需求。

2020—2022年，我国的主流媒体涌现出相当多的优秀的数据新闻作品，并在数据的处理、内容的生产、作品的呈现等方面都进行了相当程度的创新，引起了学界和业界的广泛关注。新冠疫情期间主流媒体的数据新闻有何传播特点？从中体现出突发公共卫生事件中我国数据新闻的何种创新？又存在着哪些亟待解决的问题？

7.1.1　新冠疫情期间主流媒体的数据新闻传播特点分析

7.1.1.1　数据来源趋于丰富，数据形式稍显单一

数据是数据新闻生产的原材料，没有足够的数据来源如同"巧妇难为无米之炊"。新冠疫情中我国主流媒体的数据新闻来源包括依托于国家（区域）大数据平台和数据中心的基础设施存储的公共卫生医疗数据和病毒病原检测数据，也包括依赖商业平台

产生的数据，如来自地图 App 的人口迁徙数据、外卖 App 的外卖数据以及电商平台的商品销售数据。随着数据挖掘技术的不断发展，多方数据来源不仅可以交叉印证，还能够更加真实地展现出疫情中人们的生活状况。从数据形式来说，来自官方发布和商业平台发布的机构化数据较多，而媒体机构自行采集的非结构数据较少，这体现出媒体机构的数据搜集能力还有待提高。

7.1.1.2　报道选题更贴近生活

新冠疫情中主流媒体的数据新闻报道主要集中于疫情数据通报、科学知识普及、信息查询等选题。其中，信息查询作为最贴近公众生活的选题，往往基于全球定位系统（GPS）对高使用场景的日常服务功能进行开发，在出行、就医、问诊、咨询、防疫物资购买等场景下为公众提供个性化查询服务。

7.1.1.3　新的生产模式的出现

数据新闻生产模式可以分为内生模式、外包模式、众包模式、黑客马拉松模式、自组织模式五种。新冠疫情之前，我国主流媒体的数据内容生产大部分以媒体机构内部员工团队相互协作实现的内生模式和媒体将数据新闻生产任务全部或部分委托他人并按照一定标准进行生产的外包模式为主。新冠疫情中，由于公众对于信息的需求急剧增加，专业生产内容（PGC）和用户生产内容（UGC）内容也随之增多，大大促进了黑客马拉松模式和自组织模式的数据新闻的出现。例如某程序员创作的数据新闻《计算机仿真程序告诉你为什么现在还没到出门的时候!!!》通过计算机仿真程序模拟出传染模型，证明了新冠疫情的蔓延路径不仅与病毒本身的传染率、医疗资源、病毒潜伏时间有关，也与同时间的人群流动有关，这则数据新闻在哔哩哔哩网站上获得很高的点击率。

7.1.1.4　呈现形式更加多元

在报道作品的呈现方面，虽然结合数据的静态信息图呈现方式依然是媒体机构采取的数据新闻主流形式，但一些对技术水平要求更高的交互性地图和趣味性更强的动画、短视频等也变得非常流行。如由财新数据可视化实验室出品的某交互型地图数据新闻作品中，制作团队结合了医院地址位置数据和用户的地理定位数据，使用户可以通过点击、拖曳等操作，查询附近的医院。

7.1.2　突发公共卫生事件中数据新闻的创新

7.1.2.1　数据的开放性和透明性更高

数据新闻生产的重要原材料是数据，而决定数据新闻真实性的是数据来源的可靠性。虽然我国的数据公开进程一直处于推动中，但在之前的数据新闻生产中，数据更集中在各级政府和职能部门。突发公共卫生事件加强了商业数据来源与政府官方数据来源之间的合作，数据的开放性提高。数据新闻中一般都会提供原始数据链接，方便读者下载，接受社会的数据监管。突发公共卫生事件对数据的准确性要求更高，促使媒体机构公开了数据来源，提高了信息的利用效率和数据的透明度。

7.1.2.2 新的媒介技术的应用

随着元宇宙、云计算、生成式人工智能等新概念的出现，许多新兴的媒介技术也逐渐应用于数据新闻的数据采集、数据挖掘和数据呈现中。在数据采集方面，严格的疫情防控措施大大提高了无人机和传感器一类设施的使用频率，加速了机器采集的数据在数据新闻中的应用。在数据挖掘方面，最典型的是基于 GPS 技术在交互地图中的应用，在疫情实时地图中，公众能够在识别自身地理位置的基础上，查询周遭可能的感染风险和有病例的区域。在数据呈现方面，AR、VR 等新技术的使用，丰富了数据新闻的呈现方式，以沉浸式的体验提升数据新闻的传播效果。

7.1.2.3 疫情实时地图作为一种重要的数据新闻呈现形式

流行病传播会产生大量的数据，这些数据不仅是简单数字，还包括时间、地理坐标等。交互地图可以快速、清晰地向大众展示疫情的最新动态、治愈和死亡情况，以便人们及时做出判断并积极参与防疫工作。疫情实时地图作为疫情期间大量被主流媒体采用的数据新闻形式，是传统数据新闻中的交互地图的发展形式，在实时数据采集、分析和可视化呈现的基础上加入信息查询、疫情风险规避等功能。因此，这类疫情实时地图的新闻产品生命周期更长，会随着疫情的发展和变化而变化，能够揭示数据新闻生产从之前的"可视化"阶段衍生进入"工具化"阶段的变化，成为一种值得研究的数据新闻形态。

7.1.2.4 人文关怀有所加强

数据新闻自产生以来，一直被质疑新闻报道过于依赖冷冰冰的数据，形成一种数据中心主义，缺乏人文关怀。而在疫情的阴霾笼罩下，公众更存在不安全感，因此数据新闻更展现出对人类普适的情感关照，人文关怀有所加强。例如，财新传媒以动态H5 形式进行数据新闻可视化报道，用花瓣飘零代表生命的逝去，用整朵花的凋谢代表家庭的消失，甚至点击每片花瓣都可以看到逝者的具体信息。这篇数据新闻在对数据进行挖掘的基础上，赋予了新闻选题背后的人文关怀，且兼具视觉上的美感。

7.1.2.5 预测性数据模型成为新的探索方向

数据新闻生产的重要一步是对数据的挖掘与分析，这也导致数据新闻生产流程繁琐、耗时长。这些特点决定了数据新闻大多都是对已结束或已完成的新闻事件进行报道，难以呈现动态、即时的内容，预测性内容更为少见。在新冠疫情之前的数据新闻报道中，曾出现过气象预报和针对流行病（如流感）的预测。新冠疫情期间，在公众需求的推动下，大量的预测性数据模型被应用于数据新闻中，即根据现有大数据和模型对疫情走势和防控措施有效性进行预测。但目前对于重大突发事件的发展数据模型的运用，仍属起步与观望阶段。重大突发事件的复杂性和失控态势，也使公共健康、数据科学、应急管理、智能传播合作形成全球共振的"跨学科"的数据新闻实务场域。在重大突发事件的后续报道与调查性新闻制作中，如何有机结合智能数据模型，将疫情现状、流行病学规律、疫情发展的时空曲线与传染趋势进行结构化重构，成为数据新闻未来探索的新方向。

7.1.3　突发公共卫生事件数据新闻发展中存在的问题

7.1.3.1　个人隐私存在泄露风险

疫情数据可能会包含大量的用户数据，如个人信息、行程轨迹等。数据新闻以数据为原材料，意味着数据分析需要在全面而深入的数据搜集的基础上进行，必然涉及用户隐私数据的采集，如在疫情期间需要对确诊病例的行踪进行详细的追踪报道。因此，数据新闻的生产者应在数据采集、抓取、分析的过程中做好数据的脱敏工作，避免个人信息泄露，确立数据开放的边界，在做好数据公开的同时，处理好数据安全和个人隐私的平衡问题。

7.1.3.2　数据新闻的预测性依然存在不足

在突发公共卫生事件中，疫情发展趋势是公众最迫切想要知晓的问题。预测性数据模型本身存在预测概率的问题，受到数据来源和分析技术的限制，准确性无法得到绝对保证。突发公共卫生事件牵涉面广，预测性数据模型在数据新闻中的应用如同一把双刃剑，一旦预测趋势与事件发展情况有所偏差，则会对媒体的公信力产生一定的损害，甚至会出现新闻伦理的问题。

7.1.3.3　隐藏的数据偏见

突发公共卫生事件会产生海量的、实时的数据，这些数据包括依托于国家（区域）大数据平台和数据中心的基础设施存储的公共卫生医疗数据、病毒病原检测数据以及涉及疫情的网络媒体在线数据（比如社交媒体中舆情信息和时空大数据）。假如数据库更新滞后、数据精度不够，网络媒体在线数据没有得到及时挖掘，数据新闻生产中可能会对部分数据甚至边缘数据进行分析，或者引用了没有经过验证的二手数据，造成数据偏见，最终影响新闻的真实性。

7.2　突发公共卫生事件中的优秀数据新闻案例分析

新冠疫情是我国乃至全球重点关注的突发公共卫生事件。随着疫情的暴发和消散，各种类型的数据（如卫生数据、人口流动数据、经济数据）不断产生，并对疫情的防控和国家的治理产生了重要影响。新冠疫情也给予了数据新闻一个"试炼场"，众多媒体得以大显身手，以数据作为原材料，制作了相当多优秀的与疫情相关的数据新闻。本节将以新冠疫情为案例，分析过去几年中涌现的优秀的数据新闻案例。

案例一 《1 183 位求助者的数据画像：不是弱者，而是你我》

这则充满人文关怀的数据新闻来自中国人民大学"RUC 新闻坊"公众号。该数据新闻发布于 2020 年 2 月 21 日，基于 400 余万条微博数据，同时结合疫情暴发初期的患者报道，为求助者进行了一次数据画像，旨在提醒媒体与大众跳出一个个冰冷的数字，将更多关注投向数字背后甚至是被排除在数字之外的一个个鲜活的人。

这则新闻从一些主流社交媒体网络数据中提取出话题传播态势、新闻报道态度以及情感转变作为整体脉络；与新闻相关的数据调查也非常仔细，包括微博求助者年龄、求助微博词频统计、求助者与医院间的距离、医院分布情况及有效服务。

这则数据新闻的样本取样是 2020 年 2 月 3 日到 2 月 10 日期间的 400 余万条微博数据，从中提取出患者求助信息 4 233 条，经核实之后得到 1 183 条求助数据。

为了使更多受众便于理解，这则数据新闻使用了数据可视化报道，大量精简了文字信息，运用简单明了的呈现方式，使专业的统计数字生动化，迎合了"读图时代"用户的阅读习惯。此外，这则数据新闻的数据可视化处理从多维度出发，将信息统一、整合，直观地展现疫情暴发初期武汉"求助者"各个方面的细节，提高公众对疫情的关注度，也能够帮助人们了解疫情的整体态势。

虽然大量的图片也压缩了文字描述的篇幅，但是利用距离、医院分布等绘制出的数据可视化形态，能够展示新闻事件各方面的细节，完整地展现了事件的发展轨迹。将新闻信息与垂直空间相结合，能够提升受众的视觉体验感，也会让受众对事件有深度理解。

这则数据新闻的数据调查不仅仅局限于描绘"求助者画像"，它也就当下新闻媒体环境和叙事特点展开了思考。这则新闻既做到了"叙事"，也想要尽力"溯源"。

案例二　《山川异域，风月同天，疫情下的世界各国还好吗?》

这则数据新闻来自《新京报》于 2020 年 2 月 23 日发布的数据新闻。在数据搜集环节，本篇新闻数据源于世界卫生组织，数据内容全面、可信度高。在数据挖掘的环节，这则数据新闻将从世界卫生组织获取的病例数据划分类别，按照地区进行数据整理，让数据更加清晰地呈现。

在数据可视化环节，这则数据新闻利用可以看到的图表或者图形呈现数据，让读者对数据产生直观印象，从而高效地获取信息要点。这则数据新闻的数据可视化具有以下特点：第一，多维性。数据可视化，能够清楚对病例数据或者地区进行标识，并且所使用的数据根据每一维的量值来进行显示、组合、排序与分类，组成了一个资源整合的图表。第二，可视性。这则数据新闻通过二维图形、曲线、数据条、地图和图像来对数据进行显示，这样就可以对数据的相互关系以及模式来进行可视化分析，直观简明。

这则数据新闻发布于新冠疫情暴发的初期，在分析了世界各国的感染病例数量的基础上，安抚了大众恐慌情绪，传达了中国携手抗疫的立场，突出全球一起抗疫的主题。

案例三 《中国疫情宅家消费图鉴》

数据搜集方面，这则数据新闻并不是企业获取的一手数据，而是依托企业已经公布的数据以及研究团队公布的报告来进行数据新闻的呈现。虽然这则数据新闻的数据来源缺乏独特性，但是新闻的"新"尤为重要，这种方式有利于新闻媒体更快地制作一则新闻，提高新闻发布的效率，让受众更快地接收到专业而快速的新鲜资讯。

数据挖掘方面，"网易数读"的这则数据新闻根据消费类企业的销售数据或是专业的数据研究团队相关报告进行数据挖掘。数据挖掘，既满足了该数据新闻对于数据的需求，也使得数据的来源可靠。这则新闻在第一部分描述大众在疫情背景下，对于杀菌类商品需求的激增现象。通过深入分析网易严选与美团两大消费类企业的消费数据及消费习惯报告，发现大众在自身健康面临重大危机时所展示出的消费理念，即只要能杀菌消毒"管它白猫黑猫，能捉到老鼠的就是好猫"的消费特点。这则数据新闻的后面部分在谈到老年人的消费新特点时，用到的是《疫情影响下的用户消费指数趋势报告》这篇总结性的消费报告，使得文章在数据挖掘方面更具专业性。

数据可视化方面，这则数据新闻让人印象最深刻的就是它对于数据的可视化呈现。对于数据的呈现，它并非是简单的数据罗列，它的数据呈现兼具实用性与美观性。在人们对杀菌类用品的需求方面，它采用的是半圆环的图示，通过半圆环的大小清晰地展示了伏特加、抑菌懒人抹布、抑菌口气清新喷雾三类用品的销量涨幅，并且图片中还插入了数据的标题以及数据的来源，排列得具有形式美。

在"美团扫货的年龄占比"这部分内容中，这则数据新闻也采用了圆环的方式，直观地展示了消费者的年龄结构，数据呈现十分新奇清晰。最有特色的则是对于"春节期间换装类和棋牌类游戏流水下载量增长最高"的数据呈现，打破了这类数据只能用柱状图等呈现的刻板印象，以半圆环形状加圆圈大小来呈现各类游戏的流水下载增长量，使人有眼前一亮的感觉，同时也将数据很好地呈现在了大众面前。

总体而言，这则数据新闻很好地讲述了疫情之下人们宅在家中所发生的消费习惯的变化，让大众在宏观上对于疫情下的消费习惯变化看得更加清晰与全面，同时也将消费习惯的改变描述得直观而有趣。同时，这则数据新闻基于各个企业的真实数据以及权威团队的报告而生成内容，说服力强。但是这则数据新闻仅对相关数据做出了梳理与描述，缺少对于未来的预测，这是这则数据新闻值得改进的地方。

案例四　《第四针来了，7 个新冠疫苗的关键问题一图看清》

2020—2022 年，新冠疫情引起全球广泛关注。为应对这场关乎生命健康安全的公共卫生事件，科学家们推出了多种新冠疫苗。

2022 年 12 月 14 日，国家卫生健康委员会官网发布了《关于印发新冠病毒疫苗第二剂次加强免疫接种实施方案的通知》。为方便大众理解有关最新疫情的动态变化和相关疫苗科普知识，澎湃新闻及时推出了一则数据新闻来答疑解惑。

首先是数据搜集，即数据的来源。由于这则数据新闻是通过七个问答来构成全篇的，所以在文末参考资料和整体新闻可视化图表备注中的参考数据来源均采用分类分点说明的形式。这样不仅能够帮助读者快速掌握对应问题的答案来源，提高问题的针对性和辨识度，而且在参考资料中的分类也更方便读者快速获取信息来源，针对自己感兴趣的超链接进行网页搜寻，更加简明便捷。这则数据新闻的数据来源广泛，兼具权威性和时效性。新闻主体作为主流媒体对公共卫生事件发声时，要注意新闻的真实性和代表性。是否接种第四针疫苗、能否接种第四针疫苗等问题深切符合老百姓的根本利益，因此数据来源的可靠性和权威性十分重要。除了国内外知名论文的数据，这则数据新闻的数据来源还包括世界卫生组织、国家卫生健康委和中国疾病预防控制中心等权威官方平台。

其次是数据挖掘，即数据的分析。第一，描述性分析为主，重在揭示规律。新冠病毒的毒性是否降低了？每一针疫苗的有效性差别有多大？打新冠疫苗会有什么不良反应？大多数问题都集中在解释和分析人民群众关心的一系列健康和疫苗问题，这则数据新闻通过专家解读和数据可视化对这些问题进行客观回答，并通过生动、精准的语言描述将相关问题解释清楚，在一定意义上减少了人们对疫情的恐慌感，增强了对疫苗接种的了解。第二，预测性分析为辅，预测未来趋势。打完疫苗，多长时间有效防感染？病毒变异后，疫苗的有效性如何？这则数据新闻结合最新研究成果和过往经验，对疫苗有效期和保护力进行了科学预判，并通过专家解读强调了增强免疫力和保护脆弱人群的重要性。这种未来的预测和评估一方面有利于政府依据科学论断做出积极应对，另一方面也有助于个人根据自身情况进行调整和判断。

再次是数据可视化处理。这则数据新闻的呈现方式多样，能够满足人们的信息需求。多种类型的可视化图表分散在七个问题的解答当中。这则数据新闻利用折线图、百分比堆叠式条形图、对比条形图和直方图等多种图表样式，所提供的信息不仅质量较高、读取简单，而且体现的逻辑关系清晰，使得阅读过程流畅自如。这则数据新闻满足了大部分受众对于疫情相关信息的获取需求，而且一个问题用一种图表呈现，具备持续的吸引力和较高的创新水平，是新媒体环境下的新型图表的重要呈现。这则数据新闻体现出人性化的处理以及重点信息突出。数据可视化也离不开人性化的处理，现在新媒体新闻领域存在着大量工业化生产的数据新闻，想要避免僵化，走出自己独特的数据新闻之路，就要有针对性地进行创新。比如，这则数据新闻对于脆弱人群的建议主张充满了人文关怀，从数据出发，但落脚点是为人民服务，更具备人文情怀；会对每一个问题的专家解读进行重点字句突出处理，有助于快速掌握关键信息。

最后，从新闻写作的角度来看，这则数据新闻适当地加入了时事政治和人文关怀，体现了融媒体时代大数据新闻的逻辑思考和后疫情时代生命健康保护的情感传递。当时的我们，正是需要这样一篇精练简洁且权威性较高的数据新闻来了解疫苗和病毒，为提高自身免疫力做好准备。

该平台在官方政策出台两天后就发布了可视化新闻，体现了新闻时效性的特点；同时语言生动得体，能够准确地使用数字和图表，并引用专家解读辅助理解，具有可读性和权威性；受众明确清晰，大众最关心的几个问题都在这里得到了解答，解决了"写给谁看"的问题，具有针对性和方向性。

案例五　《流动的边界》

《流动的边界》这一数据可视化新闻是 2020 年 ChinaVis 的邀请作品，运用可视化方式记录了新冠疫情暴发初期的不同维度数据，这则可视化数据新闻运用互动叙事的网页形式和隐喻修辞的视觉语言对新冠疫情的相关信息进行探讨，其包括了"尘埃""灯火""泪雨""春华"四个版块。这则数据新闻使用了视觉艺术的处理方法对疫情数据进行分析和展示，打破了大众对于传统新闻中的数据的冷冰冰、中立、准确的刻板印象。对于这个可视化新闻作品的评析，笔者将从数据搜集、数据挖掘以及数据可视化环节进行分析。

根据可获得的数据集类型，笔者将这则数据新闻作品分为四个章节：尘埃——数据集是确诊病例的发展态势；灯火——数据集是微博求助超话下发布的求助信息；泪雨——数据集是疫情期间殉职者的个人信息；春华——数据集是全国各省份的治愈病例。四个版块相互呼应又层层递进，共同反映了当时的新冠疫情状况。这则新闻在网页上采用视频轮播的形式，混剪了源于多个社交平台的疫情影像。

尘埃部分对应确诊病例发展态势。

网页主视图上由确诊病例汇聚的病毒模型支持鼠标互动。左侧每日新增确诊的气泡柱呈现疫情的整体发展态势。读者用鼠标点击气泡后可以查看对应的确诊病例数量，主视图也会呈现出与之数量匹配的粒子构成的病毒模型。

灯火部分对应微博"患者求助"超话下发布的求助信息。

"窗"成为这个特殊时期的一个集体记忆符号，黑夜中微光闪烁的万家灯火，透露出脆弱和焦灼。这则数据新闻在可视化的过程中，将求助的家庭都比作透出灯光的窗户，每一只从窗口飞出的信鸽代表每一条求助微博，代表由个体发布的信息在社交平台上的流动和传播。点击窗户，进入到二级界面，510扇亮灯的窗户对应510条求助微博，读者在点击后就能看到发布的文本详情。窗户灯光的颜色映射了文本内容的情感倾向，暖色代表积极，冷色代表消极，白色为中性。点击左边的关键词检索后，有相同关键词的微博求助信息的窗户将会被点亮。

泪雨部分对应全国抗疫殉职者个人信息。

作者选择了雨夜的视觉场景来进行可视化诠释，流动的雨点缅怀和哀悼平凡却伟大的牺牲者，寄托人民群众深切哀思的泪，也代表为大地注入养分的雨，与最后部分的"春华"相互呼应。每一滴雨代表了一名殉职人员，按照殉职时间降落。雨点的长度映射逝者的年龄，颜色映射性别，涟漪的位置信息映射殉职省份。进入详情页面，用户可以通过点击雨点查看殉职者的具体信息。

"春华"部分对应全国各省份的治愈病例。

前三个版块铺垫的迷惘悲凉的情感基调将在这里回暖。黑白的颜色布局转化为浅色背景下粉色花朵盛放的象征形式，蕴含满怀希望的寓意。

数据来源方面，在《流动的边界》这一则可视化新闻作品中，使用的数据源于两个渠道：一个是中国媒体平台例如澎湃新闻、丁香园等平台汇总整理的疫情统计数据；另一个则是通过爬虫技术或人工搜索筛选获得的相关疫情数据。

数据挖掘方面，在这则新闻作品中，与新冠疫情相关的数据挖掘在这则数据新闻的四个版块中均有所体现。这则新闻对全国各城市每日新冠感染人数以及后续新冠痊愈人数的相关数据搜集、整理和分析中，运用时间序列分析当前全国各地的疫情现状。此外，对网络上的有关疫情求助等相关的关键词在微博中出现的次数进行数据挖掘，通过提取关键词在微博上挖掘相关新闻数据，进行分析处理后，建立一个呈现具体数据的模型，用能够点亮的一个个窗口对应相关的求助信息，在关键词检索窗口搜索就能将出现相同的微博求助信息窗口点亮。

数据可视化方面，这则数据新闻通过尘埃、窗户、灯火、信鸽、雨滴、花朵等意象来表达具体的相关信息。"尘埃"代表新冠感染人数，感染人数越多，尘埃就越密集；"窗"成为这个特殊时期的一个记忆符号，将求助的家庭比作透出灯光的窗户，每一只从窗口飞出的"信鸽"代表每一条求助微博，寓意为个体发布的信息在社交平台上的流动与传播；而"雨滴"则代表的是在不同时期因疫情殉职的医护人员，点击每一个雨滴对应的就是每一个在疫情中牺牲的医护人员。而"花朵"代表着在这一阶段后期全国各地痊愈的新冠感染患者，每一个"花瓣"代表每一个城市的痊愈人数。阅读者点击某个花朵，便可以查看该省份具体的治愈情况。这种交互的设置让阅读者直接参与到象征"治愈"的生命之花的绽放中。

这则新闻也体现了可视化数据新闻的一些特点。其一是数据来源严谨，数据新闻的第一要素就是数据，因此数据的来源必须可靠，通常会以权威机构发布的官方数据以及自主搜集整理的数据为主。其二是多角度分析，除了数据的展示，数据新闻还会通过不同的角度对数据进行分析。

7.3　本章小结

突发公共卫生事件给数据新闻的发展提供了重要的试炼场，激发了数字时代的新闻创新，展现出数据科学和媒介技术进一步融合的全新形态。数据新闻的创新不仅体现在数据挖掘、数据分析和数据可视化层面的创新，也体现在数据新闻的产品形态和新闻理念的创新。但突发公共卫生事件数据新闻的创新中存在的隐私风险、伦理问题和数据偏见，依然值得我们警惕和反思。

第8章 我国数据新闻的困境
和发展趋势

　　每轮技术革新都对人类社会产生深远的影响。技术革新的时刻，正如媒介理论家弗里德里希·基特勒（Fredirch Kittler）所言我们被"它们的新奇以至恐怖"震住了。随着最新的 AI 技术的发展，所有行业都可能会被用 AI 重塑。2022 年年底，生成式语言模型 ChatGPT 出现。2023 年，百度推出了"文心一言"这一生成式 AI 产品。生成式人工智能（artificial intelligence generated content，AIGC）的市场规模不断扩大，AIGC 的相关技术已经被包括新闻传播行业在内的多领域使用，并同 5G 基础设施、个性化算法推荐等其他信息技术一起搭建智慧媒体大厦。在国际上，美国的《华盛顿邮报》、英国的《金融时报》相继对 AIGC 进行了尝试，我国的澎湃新闻、封面新闻、上游新闻等百余家媒体机构在 2023 年 2 月宣布接入 AIGC 产品。可预见的是，

AIGC 将影响新闻生产的整个流程，进而改变新闻业的格局。

数据新闻作为一种特殊的新闻产品，在这一轮变革中也受到强烈的冲击。本章将最新的 AIGC 对数据新闻的影响作为切入点，探讨我国数据新闻面临的困境和未来发展趋势。数据新闻经历了从早期的职业生产内容（OGC）、专业生产内容（PGC）和用户生成内容（UGC），到人机协同的机器生产内容（MGC）再到 AI 为创作主体的 AIGC 模式，人机关系的嬗变也带来了生产模式的转向，随之产生的新闻伦理问题也值得我们警惕。

8.1　从 OGC 到 AIGC：数据新闻中人机关系的嬗变

8.1.1　OGC、PGC 和 UGC 阶段：计算机作为一种辅助角色

使用数据进行报道的方式可以追溯到 20 世纪，事实上，数据新闻的源头可回溯至早期伴随着社会科学研究方法兴起的精确新闻报道，其特点是用精确的数据、概念来分析新闻事件。而伴随着互联网发展的计算机辅助新闻则进一步满足了精确新闻报道在搜集、整理和分析数据中的需求。精确新闻、计算机辅助新闻与数据新闻是一脉相承的，三者都把科学方法、科学客观性、科学思维应用于新闻实践。在数据新闻发展初期，由于其对数据新

闻生产者的数据搜集、处理水平和计算机使用技能要求较高，数据新闻的生产主要集中于 OGC 阶段，具有较高的准入门槛。相应而生的数据新闻编辑室，如英国的《卫报》数据新闻团队、我国的网易数读等呈现出精英化的特征。根据 2017 年对中国数据新闻从业者的问卷调研，超过半数的数据新闻从业者拥有研究生学历，同时有半数以上的从业者修读过新闻传播类专业，从业者普遍认为新闻价值的判断是最重要的，但也强调编程等技能的重要性。

随着互联网技术的发展和数据新闻制作门槛的降低，UGC 和 PGC 也成为数据新闻的重要生产形式，并展现出协同发展的趋势。以我国数据新闻的佼佼者澎湃新闻为例，2018 年 5 月 9 日，在汶川地震十年祭之际，澎湃新闻推出数据新闻产品《我的汶川记忆》。在这个以 UGC 为主的数据新闻作品中，澎湃新闻的数据生产团队搭建出产品框架并提供技术支持，普通用户则通过填写问卷、写故事的形式撰写自己的汶川地震记忆，并通过社交媒体进行发布和分享，最终形成一个关于汶川地震集体记忆的"数据库"。用户可以写下自己的故事，也可以观看和探索他人的故事。"写故事"和"看故事"被封装在一起，产品得以成为一个"容器"，容纳更丰富的内容。新冠疫情期间，公众对医学知识的需求也进一步刺激了数据新闻的 PGC 模式的发展，如某程序员创作的数据新闻《计算机仿真程序告诉你为什么现在还没到出门的时候!!!》体现了数据新闻自媒体较高的数据挖掘能力和数据可视化水平。

当然，OGC、UGC、PGC 三类数据新闻生产模式并非是对彼此的完全替代，而是协同发展、互为补充。但不管是哪一种生产模式，在数据新闻生产过程中，计算机只是作为一种辅助手段，新闻从业者对于新闻的价值判断依旧是最重要的。

8.1.2　MGC 阶段：人机协同的生产关系

MGC 可以视为 AI 在新闻生产中最早期、最初级的应用，主要体现为机器自动写作新闻稿件，智能化的新闻视频拍摄、剪辑以及加工等。早期 MGC 模式被包装为一个具象的机器人形象，如腾讯开发的 AI 撰稿机器人 Dreamwriter、新华社的机器人记者"快笔小新"等。这种被包装的新闻写作机器人实际上是一种自然语言生成引擎，设定了一定的算法逻辑，通过采集大量的新闻题材的数据，建立各类型的庞大数据库，借助人工智能实现从数据的清洗、分析和解读，最后由机器自动生产新闻。自动化报道利用程序自动地生成文本内容，在报道效率和准确性方面具备优势，但由于机器人缺乏思考能力和共情能力，难以写出与人类记者相媲美的报道，比较适合于特定类别的新闻写作，如体育比赛、财经新闻、科技信息、新闻简讯等。这一阶段的新闻本身充斥着大量的数据，能体现出数据新闻的制作优势，MGC 模式的引入能够在短时间内将结构化的数据按一定的模板进行实时性新闻的生成。这一阶段也展现出良好的人机协同的生产关系，数据新闻生产的效率被大大提高，重复性劳动则进一步减少。

8.1.3 AIGC 阶段：AI 作为内容生产的重要主体

2022 年年底，ChatGPT 的诞生，颠覆了传统的新闻内容生产方式，使得 AI 的应用由专用型向通用型转变。AIGC 阶段的代表性产品 ChatGPT 是基于大模型训练的智能内容生成工具，可以通过学习和理解人类的语言来完成内容创作、视频脚本设计、程序编码等职业化的数据新闻生产，其准确性、针对性、完成度和易用性都大大超过 MGC 的模式。AIGC 超越了 MGC 中标准化的内容模板写作的模式，甚至因为人工智能有一定的"思考能力"，还可以进行数据深度挖掘和分析等"思辨性"的内容生产。同时，在绘画方面，Midjourney 等 AIGC 工具能够辅助人类创作更优质的艺术作品，从而在数据可视化方面可能会有更多的突破。

毋庸置疑，未来 AIGC 会取代大量低端的信息传播和重复性的内容生产工作，以 AI 为代表的技术将在媒体产业落地，媒体对技术的使用将从技术探索走向技术工程化，同时产生新闻业新工种，再造新闻生产流程，打造新的新闻产品，逼迫内容生产格局巨变。职业新闻生产者的内容生产也将向理性、深度、独创的方向深入推进，最终在新闻场域上实现人类和人工智能共存和协作。事实上，AIGC 的发展本身不是对 MGC 的完全取代，而是基于前者的深度融合。在人机关系方面，频繁的人机交互可能会带来 AI 和人类之间的相互影响，技术会更加拟人化，并从弱人工智能走向强人工智能。AIGC 不再局限为数据新闻报道的辅助角色或者协同角色，而是作为数据新闻生产的主体更加深度地渗透进数据新闻生产的各个环节，这种 AIGC 与算法、新闻从业者之间的深度融合可能会成为未来数据新闻生产的趋势。

8.2　AIGC 模式下数据新闻发展的困境

虽然 AIGC 模式提高了数据新闻的生产效率，推动了数据新闻的分发流程，但随之也产生了新闻生产的主体性日渐模糊、虚假新闻的出现、用户隐私泄露、算法偏见等一系列的新闻伦理问题。

8.2.1　新闻生产的主体性日渐模糊

ChatGPT 是具有一定思考能力的人工智能工具，当其被应用于新闻行业特别是数据新闻时，AIGC 有可能成为新闻生产的主体。UGC、PGC、OGC 主要区别在于作者的专业程度和构成属性，但本质上都是人作为主体来产出内容，MGC 模式中机器只是辅助性角色，而 AIGC 模式下则由 AI 来产出不同形式的内容。

在数据新闻生产中，一篇报道往往是处于新闻场域中多方力量的博弈结果，记者的新闻技能训练尤为重要。当数据新闻生产的主体变成 AI，这种新闻生产的"场域效应"就逐渐消失，随之而来的是版权模糊等问题。

8.2.2　虚假新闻的出现

在传统的数据新闻生产流程中，数据新闻团队起到了把关人的作用，对新闻事实的核查贯穿了数据挖掘、数据分析和数据可视化的全流程。ChatGPT 的运行方式高度依赖用户指令（prompt），可能无法区分真实数据和虚构文本。程序设定之下，必须对用户的提问给出答案，如果遇到训练数据集没有包含这一问题或者数据集有误的情况，ChatGPT 甚至会编造出一个错误的答案，从而生成虚假的数据新闻，影响新闻媒体的权威性和公信力。

8.2.3　用户隐私泄露

数据新闻在生产过程中，本身需要采集大量的数据并进行分析。ChatGPT 是一个基于自然语言处理技术的机器学习模型，在 AIGC 模式之下，新闻生产中需要访问大量的输入型数据，甚至涉及一些隐私和敏感信息的处理，这极有可能造成用户隐私的泄露。

8.2.4 算法偏见

ChatGPT 之所以有如此强大的内容生成能力，主要依靠于前期庞大的、无监督的文本数据训练，而这些核心训练集主要源于 OpenAI 公司所在的西方国家。虽然 OpenAI 公司始终标榜 ChatGPT 的客观、准确、真实，但不可否认的是，通过"拼凑"和强化学习的方式输出的内容，一直受到"一本正经胡说八道"式的质疑，并且在很多跨文化议题中倾向于从"西方中心"视角做思考和回应。同时，在输入网络语料的过程中，给极端主义者、宗教激进主义者、恐怖分子等制造了输入极端信息的机会，这类"数据投毒"又给训练 AI 模型造成了隐患。这些暗含意识形态立场的数据可能本身就存在准确性、真实性、权威性、公正性、客观性的偏差，极易形成算法偏见和由人工智能制造的"信息茧房"。

8.3 AIGC 模式下数据新闻生产模式的转向

人机关系的改变带来了数据新闻生产模式的转向，也从数据采集、数据挖掘、数据分析等各个环节提高了数据新闻的生产效率，丰富了数据新闻的产品形态，重塑了数据新闻的分发流程。

8.3.1 提高了数据采集的效率

数据的采集是整个数据新闻生产的初始环节。之前的媒体虽然也开发了一些数据采集的工具，比如 BBC 开发的监控不同数据库实时变化的 Data Stringer 应用程序，路透社开发的检测社交媒体的内容走向的社交平台监控器 Tracer，但在抓取速度和采集效率上还有待提高。如今，借助 plugins 等插件，ChatGPT 可以快速抓取和采集海量数据，进行自动处理，快速浏览文本和生成摘要，供数据新闻记者进一步分析。ChatGPT 的语言生成能力还可用于翻译跨语言文本，方便记者和编辑获取不同语种的资料与信息。

8.3.2 加大了数据挖掘的力度

在数据的挖掘过程中，以往的数据新闻团队往往以人文专业出身的新闻工作者为主。但是数据的处理难度较大，一些数据新闻团队常采用外包的方式或者跨团队合作才能进行数据的分析。ChatGPT 具备自然语言理解、生成和对话等多种功能，已经可以处理多种符号、类型、体量的数据资料，即根据使用者的指令对不同的数据进行统计、描述与解释。例如，可以提取与分析文本关键词，统计数据间的相关性、趋势及周期，识别和分析时间序列数据，运用机器学习算法对数据进行聚类分析，揭示规律并预测发展走向等。同时，AIGC 工具也在不断提高其在特定领域的知识水平和能力，能够有效提高信息采集的速度，以极低的成本在专业性门槛较高的数据新闻中提供丰富的背景资料和经典案例。

8.3.3　丰富了数据新闻的产品形态

基于预训练大语言模型和海量内容的输入和用户指令（prompt）的设置，ChatGPT 等 AIGC 工具能够生成不同风格、不同类型的新闻报道，丰富数据新闻产品形态，为新闻形式的创新提供新的思路。比如，ChatGPT 能通过提问和回答的对话，完成"新闻游戏""互动新闻"等新形式的数据新闻生产。同时，借助 Midjourney 等 AIGC 工具，目前也已经实现文本生成图片、音频、代码、3D 内容等多模态内容。数据新闻可视化环节中存在着大量的图片、视频、互动程序等内容，AIGC 工具的使用将极大地降低数据可视化环节的生产成本和技术门槛，进一步丰富数据新闻的产品形态。

8.4　本章小结

　　ChatGPT 创造了一种新型的、对话式的人机交互模式，使用者的确可以从信息检索、内容生成中获得便利。但当 AIGC 被更广泛地应用于新闻生产，特别是本书讨论的数据新闻的生产之中，可能会带来更隐蔽的新闻伦理问题。依赖于大量数据投喂的 AIGC 模式，如何从源头开始保证数据的真实性？又如何在意见形成中减少算法偏见？生成的内容似乎有人一般的思考能力，但如何保证其深度和创新性？这些都是 AIGC 亟待解决的重要问题。

　　新技术的创新与扩散本身就是曲折而复杂的，AI 在新闻中的应用或许会带来所谓的技术恐慌，但并不意味着在新闻生产中 AI 能够完全替代编辑和记者的角色。事实上，AIGC 模式目前仍然无法代替高要求、高限定场景下的数据新闻创作。数据新闻的真正落脚之处并非数据，而是记者和新闻机构的专业背景和价值判断背后的人文关怀。也许在不久的将来，在人类和人工智能之间良性互动带来的人机耦合的大趋势下，AIGC 可以帮助数据新闻从业者发现新闻线索，进行简单的数据处理，形成数据新闻的初稿，而人类特有的哲学思辨和个性表达才是数据新闻的真正价值所在。

结　语

　　数据新闻是新闻界的新生事物，也是一个崭新的科研方向。本书从数据新闻的定义和历史讲起，从业界和学界两个方面探讨数据新闻的发展现状，并展望了数据新闻的未来发展趋势。十余年间，业界在数据新闻领域的实践不断创新，学界对数据新闻的研究成果亦日益丰富。从大数据，再到元宇宙到生成式人工智能的崛起，科学技术不断发展，但唯一不变的是数据新闻的内核。

　　首先，人工智能对于数据新闻的发展影响深远。AI 在数据新闻领域的应用同样是数据新闻发展的重要方向。AI 可以帮助媒体从事新闻采集、写作、编辑和分发等方面的工作，提高效率，降低成本；在数据新闻层面，可以辅助生成可视化图表，进行自动化数据搜集和分类，进行数据新闻生成等，有助于深层次数据的进一步挖掘。AI 可以辅助进行数据预处理，可以去除数据中的异常值和噪声，从而提高后续分析的准确性，通过聚类、分类、回归等算法，对大量数据进行自动化的预处理；也可以通过自然语言处理技术，对大量文本进行分词、提取关键词、情感分析等操作，帮助记者发现新的故事线索，挖掘隐藏在海量文字背后的信息。AI 可以通过机器学习，对历史数据进行分析和建模，预测未来的趋势和结果。比如，可以通过机器学习模型预测选举结果、股票走势等，在深度挖掘和后续推演中发挥重要作用。

其次，数据新闻的盈利模式还亟待探索。Propublica 于 2014 年 2 月 26 日上线了数据商店频道（Data Store），面向不同的用户，根据数据价值的不同，制定了详细的价格进行再销售。这一举动降低了高额的生产成本，扩大了制作团队的影响力，并在数据服务这一新的领域探索了收费模式的可行性。专业数据服务商通过提供定制化的数据产品和解决方案，可以为数据新闻带来更大的再开发价值，并在商业化运营中获得可行性和盈利能力。展望未来，数据新闻如何突破传统广告模式，进一步挖掘并释放数据的潜能和新闻的价值，仍是值得深入探索与实践的重要课题。

再次，数据新闻的跨界合作还有待加强。这种跨界是业界的新闻生产合作中的跨界，也是学界的数据新闻教育中的跨界，跨越新闻传播、计算机、艺术领域各个学科，跨越新媒体、研究机构、技术公司各个机构，甚至跨越不同国家。合作才能共赢，创新才能生存。在跨界合作中，数据新闻这朵"杂交"出的花朵一定会绽放得更美丽。

最后，数据可视化形式将会更丰富，用户体验将进一步提升。随着虚拟现实和增强现实技术的发展，将来有可能用三维模型来呈现数据，实现 3D 数据可视化。这样可以使读者更直观、沉浸式地理解数据，甚至能够交互式地进行探索。通过动态可视化，读者可以看到数据的变化趋势和演变过程，甚至可以自己进行交互式操作，探索不同的数据场景。虚拟现实技术的发展也使得组合数据可视化可能成为现实，将多种数据类型和可视化方法结合起来。比如，在一个图表中同时展示时间序列数据和空间数据，或者同时使用柱状图和地图来呈现数据，这样可以更全面、立体地展示数据。

我们期盼着这样的未来：数据获取更加公开和透明，数据挖掘更加便利和简单，数据可视化更加丰富多彩。越来越多的机构和个人投入到数据新闻的制作之中，并推动我国数据新闻教育健康发展。当新的技术手段持续助力数据新闻的发展，数据新闻将成为富有生命力的新闻范式。

参考文献

中文参考文献

[1] 布莱恩·拉金. 信号与噪音 [M]. 陈静静, 译. 北京: 商务印书馆, 2014.

[2] RUC 新闻坊. 财新黄晨: Step by Step 教你如何提升数据素养 | 媒体人说 [EB/OL]. (2018-03-31) [2023-12-16]. https://www.sohu.com/a/226857853_649502.

[3] 常江. 图绘新闻: 信息可视化与编辑室内的理念冲突 [J]. 编辑之友, 2018 (5): 71-77.

[4] 陈丹, 陈志鹏. 新文科背景下数据新闻人才培养现状及对策 [J]. 新闻论坛, 2022, 36 (4): 112-114.

[5] 陈虹, 秦静. 数据新闻的历史、现状与发展趋势 [J]. 编辑之友, 2016 (1): 69-75.

［6］陈娟，廖志鹏.我国数据新闻发展状况研究：以网易"数读"栏目为例［J］.传媒观察，2018（10）：34-39.

［7］陈积银，杨廉.中国数据新闻发展的现状、困境及对策［J］.新闻记者，2016（11）：64-70.

［8］东方，邓灵斌.政府数据开放的法律规制：美国立法与中国路径：基于美国《开放政府数据法》（OGDA）的思考［J］.情报资料工作，2021，42（5）：50-57.

［9］邓海滢，方洁.新冠疫情中的数据新闻研究：基于知识生产的视角［J］.中国记者，2020（4）：105-108

［10］大柿周张.新冠疫情数据可视化：数据叙事交互网页《流动的边界》［EB/OL］.（2020-06-18）［2023-12-16］.https：//www.bilibili.com/video/BV1Xk4y1z7qj/？vd_source＝12953d6aebca900fc804fa9c051d6046，2020.

［11］方诚.中英媒体数据新闻发展路径对比研究［J］.中国报业，2020（1）：94-97.

［12］方诚.移动端信息可视化设计研究：以"垃圾分类"选题为例［J］.中国报业，2019（19）：46-47.

［13］方诚.数据新闻发展新趋势：实用化、本地化、智能化和实体化［J］.新闻爱好者，2019（12）：57-59.

［14］方洁.数据新闻概论［M］.北京：中国人民大学出版社，2015.

[15] 方洁，高璐. 数据新闻：一个亟待确立专业规范的领域：基于国内五个数据新闻栏目的定量研究 [J]. 国际新闻界，2015，37（12）：105-124.

[16] 方洁，颜冬. 全球视野下的"数据新闻"：理念与实践 [J]. 国际新闻界，2013，35（6）：73-83.

[17] 蒋馨尔，陈志芳，卫瑶，等. 第四针来了，7个新冠疫苗的关键问题一图看清[J/OL]. (2022-12-16)[2023-12-01]. https://www.thepaper.cn/newsDetail_forward_21161933.

[18] 金梅珍，丁迈. 我国数据新闻教育的困境与对策 [J]. 现代传播（中国传媒大学学报），2016，38（3）：157-158.

[19] 匡文波，姜泽玮. 变革与挑战：运用人工智能，赋能新闻生产 [J]. 新闻战线，2023（9）：46-49.

[20] 罗杰斯. 数据新闻大趋势：释放可视化报道的力量 [M]. 岳跃，译. 北京：中国人民大学出版社，2015.

[21] 郎劲松，杨海. 数据新闻：大数据时代可视化传播的创新路径 [J]. 现代传播，2014（3）：32.

[22] 蓝媒汇. 2017中国媒体人数据使用报告：7成机构没建立数据新闻团队[EB/OL].(2017-12-22)[2023-12-01].http://www.sohu.com/a/212163495_99970452.

[23] 蓝星宇. 以用户驱动的数据新闻产品打捞"汶川记忆"：浅谈澎湃新闻如何挖掘"UGC"富矿 [J]. 传媒评论，

2018（5）：42-44.

[24] 李艳瑜. 数据新闻的起源、发展与现状分析 [J]. 新闻研究导刊，2015，6（8）：236.

[25] 李赞梅. 中、英、美、加、澳五国健康医疗领域政府开放数据的现状与启示 [J]. 中华医学图书情报杂志，2019，28（6）：42-47.

[26] 陆丹，张楚茵. 数据新闻创新发展的趋势分析：以2012—2018年全球数据新闻奖作品为例 [J]. 青年记者，2019（36）：80-81.

[27] 陆朦朦. 数据新闻互动叙事策略研究：基于2014—2018年全球数据新闻奖获奖作品的分析 [J]. 出版科学，2019，27（1）：92-98.

[28] 刘义昆. 大数据时代的数据新闻生产：现状、影响与反思 [J]. 现代传播（中国传媒大学学报），2014，36（11）：103-106.

[29] 刘英华. 开放数据的发展趋势及在数据新闻中的应用 [J]. 青年记者，2019（15）：82-83.

[30] 迈克尔·埃默里，埃德温·埃默里. 美国新闻史：大众传播媒介解释史 [M]. 展江，殷文，译. 北京：新华出版社，2002.

[31] 迈克尔·舒德森. 发掘新闻：美国报业社会史 [M].

陈昌凤，常江，译. 北京：北京大学出版社，2009.

[32] 毛良斌，汤子帅. 数据新闻：操作与实践 [M]. 杭州：浙江大学出版社，2019.

[33] 毛良斌，汤子帅. 周昊曦. 数据新闻的盈利模式 [J]. 新闻与写作，2015（11）：29-33.

[34] 孟融，许骁，郭泽华. 山川异域，风月同天，疫情下的世界各国还好吗？[EB/OL].（2020-02-23）[2022-12-01]. https://www.chinanews.com.cn/gj/2020/02-23/9101502.shtml.

[35] 孟笛. 美国数据新闻发展的开放与变革 [J]. 编辑之友，2016（2）：100-104.

[36] 毋文文. 公共数据开放许可法律构造的中国模式 [J]. 南海法学，2023，7（3）：62-70.

[37] 邱南森. 鲜活的数据：数据可视化指南 [M]. 向怡宁，译. 北京：人民邮电出版社，2012.

[38] 倪琳，郭庆琳. 数据新闻产品的"工具化"衍生：以"疫情实时地图"为例 [J]. 新闻战线，2021（24）：83-85.

[39] 澎湃新闻·澎湃号·湃客. 一个让人忍不住发朋友圈的大会，长什么样？[EB/OL].（2019-06-07）[2023-12-01].https://www.thepaper.cn/newsDetail_forward_3606183.

[40] 邱南森. 数据之美：一本书学会可视化设计 [M]. 张伸，译. 北京：中国人民大学出版社，2014.

［41］起司黄. 5500 篇新冠痊愈经验，告诉你阳了怎么办
［EB/OL］.（2022－12－23）［2023－12－01］.https://mp.weixin.qq.
com/s/JU54P1DS0ws8KDqSPFhfDw.

［42］斯蒂芬斯. 新闻的历史［M］.陈继静，译. 北京：北京
大学出版社，2014.

［43］宋海南，孙劝劝. 从黄色新闻到黑幕揭发：美国调查
性新闻兴起及其报道理念转型［J］. 安阳工学院学报，2021，20
（3）：87－91.

［44］苏宏元，陈娟. 从计算到数据新闻：计算机辅助报道
的起源、发展、现状［J］. 新闻与传播研究，2014，21（10）：
78－92，127－128.

［45］孙劝劝. 美国"黑幕揭发"背景下调查性新闻兴衰与
报道理念变迁［D］. 广州：广东外语外贸大学，2020.

［46］孙瑞，王煜，伍银芳，等. 人类与病毒的博弈［EB/OL］.
（2022－12－19）［2023－12－01］.https://www.thepaper.cn/newsDetail_
forward_20877392.

［47］沈甜."数据新闻"在我国新媒体平台的实践与发展现
状探究［D］. 兰州：兰州大学，2016.

［48］涂伊默. 数据新闻产品趋于多样化［J］. 新闻战线，
2018（15）：72－75.

［49］王琼，苏宏元. 中国数据新闻发展报告（2016—2017）

［M］. 北京：社会科学文献出版社，2018.

　　［50］ 王怡溪，许向东. 数据新闻的人文关怀与数据透明：对新冠肺炎疫情报道中数据可视化报道的实践与思考 ［J］. 编辑之友，2020（12）：69-75.

　　［51］ 吴炜华，程素琴. 智媒时代的数据迷惘与新闻寻路：以重大突发事件的数据新闻报道为例 ［J］. 中国编辑，2020（12）：35-39.

　　［52］ 文卫华，李冰. 从美国总统大选看大数据时代的数据新闻报道 ［J］. 中国记者，2013（6）：80-81.

　　［53］ 吴小坤. 数据新闻制作简明教程 ［M］. 上海：复旦大学出版社，2018.

　　［54］ 网易数读. 中国疫情宅家消费图鉴［EB/OL］.（2020-03-23）［2023 - 12 - 01］. https://mp. weixin. qq. com/s/WMDuU - 0A4vjkPKWhICZkWA.

　　［55］ 谢海涛，肖倩，凡庆涛. 基于图像识别的数据新闻自动生成方法 ［C］//北京科学技术情报学会. 北京科技经济信息联合中心；北京印刷学院；北京市科学技术情报研究所；2018.

　　［56］ 许向东. 趋势、规范与本土化：移动传播时代数据新闻的生产实践研究 ［J］. 新闻爱好者，2017（12）：20-23.

　　［57］ 许向东. 数据新闻：新闻报道新模式 ［M］. 北京：中国人民大学出版社，2018.

[58] 徐雪晴，陈良贤，王亚赛.图释两千年传染病史：若瘟疫无法被根除，该如何与之相处[EB/OL].（2020-02-21）[2023-12-01].https://www.thepaper.cn/newsDetail_forward_6058438

[59] 杨蕾，任鹏.智媒时代高校数据新闻教育生态路径探索［J］.青年记者，2023（18）：112-114.

[60] 英国数据新闻大会：个性+实用，数据新闻要接地气[EB/OL].（2016-12-02）[2023-12-16].http://dy.163.com/v2/article/detail/C77CC98805118VJ5.html.

[61] 张超.释放数据的力量：数据新闻生产与伦理研究［M］.北京：中国人民大学出版社，2020.

[62] 赵柯，薛岩.西方国家开放政府数据运动研究［J］.当代世界与社会主义，2020（3）：191-197.

[63] 郑明峰，顾振宇.面向认知效率的信息可视化设计［J］.艺术与设计（理论），2011，2（12）：56-58.

[64] 郑满宁.人工智能技术下的新闻业：嬗变、转向与应对：基于ChatGPT带来的新思考［J］.中国编辑，2023（4）：35-40.

[65] 郑蔚雯，姜青青.大数据时代，外媒大报如何构建可视化数据新闻团队?：《卫报》《泰晤士报》《纽约时报》实践操作分析［J］.中国记者，2013（11）：132-133.

[66] 邹煜云，王亚赛，张轶君，等.763例确诊患者的故

事，还原新冠病毒向全国扩散的路径 [EB/OL]. (2020-02-05) [2023-12-01]. https://www. thepaper. cn/newsDetail _ forward _ 5719018.

[67] 赵楠艳，陈欢. 媒体融合背景下信息可视化设计中的形态要素及构成表现形式研究 [J]. 美与时代（上），2016 (11)：22-25.

[68] 赵小曼，范举，等.1183 位求助者的数据画像：不是弱者，而是你我 [EB/OL]. (2020-02-21) [2023-12-01]. https:// mp.weixin.qq.com/s/0mB03Zp0jaI9uOdx5cbCkg.

[69] 张樾. 数据新闻本土化实践：财新传媒"数字说"的说话之道 [J]. 西部广播电视，2018 (3)：23-24.

[70] 章永宏. 重建客观：中国大陆精确新闻报道研究 [D]. 上海：复旦大学，2013.

[71] 祝建华. 大数据时代的新闻与传播学教育：专业设置、学生技能、师资来源 [J]. 新闻大学，2013 (4)：129-132.

[72] 腾讯研究院. 拐点时刻？AIGC 时代的新闻业 [EB/OL]. (2023-08-29) [2023-12-16]. https://mp.weixin.qq.com/s/fYidMeGHgl23jMzI99bcYQ.

英文参考文献

[1] BREVINIB B. Metadata Laws，Journalism and resistance in

australia［J］. Media and Communication, 2017, 5（1）: 76–83.

［2］COLIN PORLEZZA, SERGIO SPLENDORE. From open journalism to closed data: data journalism in Italy［J］. Digital Journalism, 2019, 7（9）: 1230–1252.

［3］EDDY BORGES – REY. Unravelling data journalism: a study of data journalism practice in British newsrooms［J］. Journalism Practice, 2016, 10（7）: 833–843.

［4］FLORIAN STALPH, OLIVER HAHN, DAVID LIEWEHR. Local data journalism in germany: data–driven reporting amidst local communities and authorities［J］. Journalism Practice, 2023, 17（9）: 1882–1901.

［5］HOSSAIN M, CHAN C. Open data adoption in Australian government agencies: an exploratory study［J］. CoRR, abs/1606. 02500.

［6］MITRA – KAHN B, JOHNSON M, MAN B. Intellectual property government open data: Australian business number links to all intellectual property data in Australia［J］. Australian Economic Review, 2016, 49（1）: 96–104.

［7］ONLINE JOURNALISM BLOG. Local journalism is getting more data–driven — and other thoughts on data journalism UK 2017［EB/OL］.（2017 – 12 – 13）［2023 – 12 – 01］. https://onlinejournalismblog.com/2017/12/13/local-data-journalism-uk-2017-automation/.

[8] RICHARD O, RO SINNOTT. The Australian data-driven urban research platform: systems paper [J]. Australian Economic Review, 2016, 49 (2): 208-223.

[9] SCOTT WRIGHT, KIM DOYLE. The evolution of data journalism: A casestudy of Australia [J]. Journalism Studies, 2019, 20 (13): 1811-1827.

[10] STEVE CARUFEL. In the UK, data journalism and investigations are getting more local[EB/OL]. (2017-12-07) [2023-12-01].https://www.journalism.co.uk/news/in-the-uk-data-journalism-and-investigations-are-getting-more-local-than-ever/s2/a714339/.

[11] THE ONLINE JOURNALISM HANDBOOK. From making data physical to giving journalists confidence (and a few other things too): Data Journalism UK 2019[EB/OL]. (2019-05-09) [2023-12-01]. https://onlinejournalismblog.com/2019/05/09/making-data-physical-data-journalism-jobs/

[12] THE BUREAU OF INVESTIGATIVE JOURNALISM. Thousands of British citizens swept up in immigration spotcheck[EB/OL]. (2017-10-09) [2023-12-01]. https://www.thebureauinvestigates.com/stories/2017-10-09/review-homeoffice-immigration-checks.